Ph Wirtgen

Aus dem Hochwalde

Ph Wirtgen

Aus dem Hochwalde

ISBN/EAN: 9783741167300

Hergestellt in Europa, USA, Kanada, Australien, Japan

Cover: Foto ©Andreas Hilbeck / pixelio.de

Manufactured and distributed by brebook publishing software (www.brebook.com)

Ph Wirtgen

Aus dem Hochwalde

VOIGTLÄNDER'S
RHEINISCHE REISEBIBLIOTHEK.

SAMMLUNG VON

**REISEHANDBÜCHERN, KARTEN, SCHRIFTEN
AUS DEM GEBIETE RHEINISCHER GESCHICHTE
UND LANDESKUNDE.**

Nr. 3.

AUS DEM

HOCHWALDE

VON

Dr. Ph. Wirtgen.

KREUZNACH.
VERLAG VON R. VOIGTLÄNDER.
1867.

AUS DEM

HOCHWALDE

VON

Dr. Ph. Wirtgen.

KREUZNACH.
VERLAG VON R. VOIGTLÄNDER.
1867.

Vorwort.

Selten hat der Herbst einen September gebracht, der so schön, so anhaltend schön war, als der September des Jahres 1865. In hellem Glanze ging die Sonne an jedem Tage im Osten hervor und hell und glänzend nahm sie im Westen wieder Abschied; und die ganze Nacht hindurch strahlten die goldnen Sterne vom azurnen Himmelsgewölbe herab. In den Flussthälern häuften sich zwar in den ersten Morgenstunden die Nebel; aber sie wurden bald von der Sonne bezwungen und um so prächtiger wurde der Tag.

Es war mir vergönnt, diese schönen Tage in vollkommener Freiheit auf dem Hochwalde zuzubringen, meist in Höhen von fast 2000 F. und darüber. Naturwissenschaftliche, namentlich botanische Untersuchungen, waren der Zweck meines dortigen Aufenthaltes und wenn auch die Flora schon stark im Dahinwelken war, so konnte ich doch mit den Resultaten zufrieden sein. Aber auch das Volksleben und die Geschichte der Gegend nahmen mich nebenbei oft sehr in Anspruch und meine Arbeiten über die Eifel mögen bezeugen, dass Studien dieser Art mir nicht ferne liegen.

Das Gesehene und Erfahrene lege ich gewöhnlich an Ort und Stelle in kurzen Skizzen nieder, denen ich zu Hause die Ausführung zuwende. Eine Reihe solcher kleinen Darstellungen habe ich nun in vorliegendem Werkchen vereinigt und wünsche ihnen eine freundliche Aufnahme und Beurtheilung. Besondere Nachsicht habe ich für die poetischen Mittheilungen zu erbitten. Ich mache keine Ansprüche auf den Dichternamen und diese Bilder, flüchtige Kinder des Augenblicks, sollen eigentlich nur beweisen, wie die Herrlichkeit der Natur auch das vorgeschrittene Alter noch begeistern kann. Ja, und ich danke Gott mit vollem Herzen dafür! bis dahin ist mein Gemüth stets noch immer lebhafter und inniger von der Natur ergriffen worden!

Eine grössere Arbeit über das ganze Gebiet des Hunsrücks wird später folgen.

Wenn man den Hochwald zu sehen wünscht, so fährt man am besten auf der Nahebahn nach Oberstein und geht das Idarthal hinauf durch das Katzenloch nach dem freundlichen Dorfe Kempfeld; von hier aus besuche man die Wildenburg, die

Schanze und den schönen Aussichtspunkt auf der Berghöhe „an den zwei Steinen," der eigentlich einen bestimmten Namen haben müsste. Von Kempfeld geht man bequem in drei Stunden nach Hüttgeswasen, von wo aus der Erbskopf und der Allenbacher Tannenwald, unfern der Idarquelle, besucht werden können. Durch das Tranthal über Tranenweiher und Berfink wandere man nach Abentheur und besteige den Dollberg, an dessen Südende der merkwürdige Steinring liegt. Von da gehe man nach Nonnweiler ins Primsthal oder nach Züsch. Von beiden Orten hat man eine starke Stunde nach Hermeskeil, von da zwei Stunden nach Dhronecken, eine weitere kleine Stunde nach Thalfang und noch zwei Stunden nach Hunoltstein. Morbach liegt eine Stunde östlich von letzterem Orte und noch eine starke Stunde weiter nach Osten liegt der stumpfe Thurm bei Hinzerath. Man kann nun zu der Mosel, nach Bernkastel oder Trarbach sich wenden oder über den Idar (s. S. 92) nach Kempfeld gehen, von wo man mit der Post oder zu Fuss durch das liebliche Fischbachthal auf die Nahebahn zurückkehren kann.

Man kann sich aber auch so einrichten, dass man von Kempfeld (mit Führer) über die „zwei Steine" nach dem stumpfen Thurm geht und von da über Morbach, Hunoltstein, Thalfang, Dhronecken, Hermeskeil, Züsch, den Steinring, Abentheur, Hütgeswasen und Birkenfeld wieder nach der Nahe. Wer sechs Stunden täglich zurücklegen kann, wird diese Parthie bequem in vier Tagen abmachen. Gute Quartiere findet man in Kempfeld, Morbach, Thalfang, Hermeskeil, Nonnweiler; auch in Hütgeswasen findet der Wanderer Unterkunft. Sehr reizend ist der Aufenthalt am Sauerbrunnen, am Südabhange des Hochwaldes, zwei schwache Stunden nördlich von Birkenfeld.

Als Reisekarte ist die Section Trier der geognostischen Karte der Rheinprovinz und Westphalens von Herrn von Dechen besonders zu empfehlen.

Coblenz im September 1866.

Der Verfasser.

Inhalt.

	Seite
I. **Allgemeines, Geographisches, Physiographisches.**	1
Geographische Uebersicht.	3
Gebirg- und Thalbildung	3
Die geologischen Verhältnisse des Hochwaldes.	14
Die Pflanzenwelt	21
Die Gärten	21
Die Wiesen	25
Die Wälder	28
II. **Historisches**	33
Der stumpfe Thurm	35
(Abbildung desselben)	39
Wildenburg	49
Dhronecken	63
III. **Sagen und Erzählungen**	73
Kindestreue	75
Der erlöste Geist	77
Der glückliche Traum	78
Die Sage von den Hunnen im Hochwalde	80
Die Sage von der verwünschten Prinzessin	81
Von den ehemaligen Klöstern im Hochwalde	82
Die Sage von den französischen Ansiedlern im Hochwalde	84

	Seite
Der grosse Herrgott von Rapperath	85
Wie einmal ein Förster an Wildenburg den Teufel Tabak rauchen liess	86

IV. Schilderungen 89
    Aussichten 91
    Der Steinring bei Otzenhausen 94
    Hunoltstein 102
    Hochwald 104
    Waldfreude 105
    Waldwiese 106
    Eine Nacht im Idar 107
    Im Idar 109
    Wildenburg (am Mittage) 110
    Wildenburg (am Abend) 110
    Die Dhron 111

I.

Allgemeines,
Geographisches, Physiographisches.

Geographische Uebersicht.

Gebirg- und Thalbildung.

Der Hunsrück ist ein Glied des grossen mittelrheinischen Schiefergebirges, das nach seiner Lage und seinem geologischen Character ein Ganzes darstellt. Sein Zusammenhang ist nur durch die später gebildeten grossen Thäler zerrissen. Der Rhein hat das Gebirge in eine östliche und eine westliche Gruppe, die Mosel hat die letztere wieder in ein südliches und ein nördliches Glied getheilt: das nördliche Glied ist die Eifel, das südliche der Hunsrück. Von dem Rhein, der Mosel, der Saar und der Nahe umflossen, macht der Hunsrück geographisch ein eigenes und ganzes Gebirge aus, wie es auch auf allen Charten und in allen geographischen Werken bezeichnet wird. Landesüblich ist aber die sehr scharf geschiedene Bezeichnung in zwei Haupttheile: da heisst der östliche Theil vom Rheine zwischen Bingen und Coblenz bis zum Hahnen- oder Kirnbach „Hunsrück", der westliche und höchste Theil aber, bis er sich gegen die Saar und deren Verbindung mit der Mosel hin abdacht, „Hoh- oder Hochwald". Der Idarwald ist ein untergeordneter Theil desselben, obgleich Manche den ganzen höchsten Rücken des Hochwaldes als „Idar" bezeichnen.

Der Hunsrück ist aber weder ein eigentlicher Gebirgsrücken, noch ein zusammenhängendes Plateau: er besteht aus mehreren Plateau's, die durch bedeutende Bergzüge und tiefe Thaleinschnitte von einander getrennt sind. Wir können das eigentliche Hunsrück-Plateau, das Idar-, das Hochwald- und das Mosel-Plateau unterscheiden.

Drei Bergzüge, zu bedeutender Höhe über die angrenzenden Plateau's sich erhebend, zeichnen sich besonders aus. Der nördliche Zug ist ein fast ununterbrochener Rücken, welcher östlich von Neumagen und der Dhronmündung beginnt, in der Entfernung von zwei bis drei Meilen der Mosel folgt; im Westen Stronzbuscher Hardt heisst, die sich bei Gornhausen bis zu 2000 F. erhebt, weiter im Osten Faaswald und hohe Wald genannt wird und mit seinem höchsten Punkte, dem Hochstein, 1630 F., eine Stunde westlich von Oberwesel endet. Der weit niedrigere östliche Theil dieses nördlichen Zuges bildet von der Gegend des stumpfen Thurmes an bis zu seinem östlichen Endpunkte die Wasserscheide zwischen der Mosel und der Nahe und es entspringen hier die nach der Nahe fliessenden Bäche Guldenbach, Simmerbach und Hahnenbach, während nur kleinere Bäche, worunter der Beybach der wichtigste ist, in die Mosel münden.

Der südliche Bergzug erhebt sich zwischen Bingen und Bacharach unmittelbar aus dem Rheinthale bis zu der Höhe von 1700 F., und folgt in der Entfernung von einer bis zwei Meilen fortwährend der Richtung der Nahe, die ihre Quelle am westlichen Ende dieses Zuges findet. Der Rücken, welcher sich vom Rheine bis zum Hahnenbach hinzieht, ist der Son. Die beiden vorhin genannten Bäche, Gulden- und Simmerbach, trennen ihn in drei Theile, während der Hahnenbach ihn wieder von dem Idar- und Hochwalde scheidet. Der östlichste Theil zwischen dem Rheine und dem Guldenbach, eine Meile nach Westen sich erstreckend, ist der Binger Wald (mit dem Franzosenkopfe, 1916 F.)*) und der Kanterich, 1981 F., bei der Lausch- oder Laushütte am Franzosenkopfe 1865 F. Vom Gulden- bis zum Simmerbach folgt in einer Ausdehnung von zwei Meilen, der eigentliche Sonwald, urkundlich „die Sane", mit den höchsten Punkten dem Simmerkopf gegen Riesweiler 2041 F., der Sonshöhe 2021 F., der Spitzeich 1985 F., dem Elseborner Kopf 1973 F., der Altenburg 1953 F. und der Tiefenbacher Höhe 1922 F.; von geringerer Höhe, aber bedeutend in ihrem Vortreten sind der Hochstein, gleich westlich om Guldenbachthale und der daran anschliessende Thiergarten 1750 F., sowie der Koppenstein mit seiner weithin sichtbaren Ruine am Simmerthale 1724 F. Alle diese Höhenpunkte gehören dem Hauptzuge an; es zeigt sich aber südlich davon noch ein kleinerer Zug, der sich wieder mit jenem vereinigt und sich in der Oppeler Höhe bis zu 1975 F. erhebt.

*) Diese Höhenangaben nach den neuesten Messungen Hrn. von Dechens in par. Fuss.

GEBIRG- UND THALBILDUNG.

Von dem Simmer- bis zum Hahnenbach folgt der Lützelson, kaum eine halbe Meile lang, der sich bis über 2000 F. erhebt und auf dem sich eine sehr ansehnliche Quarzmasse, der Teufelsfels, auszeichnet.

Die durchbrechenden Bäche haben Risse von mehr als 1000 F. Tiefe eingeschnitten, auf deren Seiten sich das anstehende Gestein entweder in ungeheuren, oft fast senkrechten Felsen erhebt, oder das Getrümmer die Abhänge von der Scheitel bis zum Fusse, wie ein Felsenmeer, bedeckt.

Es ist in einem hohen Grade überraschend, wie solche Bäche von so geringer Wassermasse und auf so unbedeutenden Höhen, 1500 bis 1600 F., entspringend, solche ungeheure Gesteinmassen durchschneiden, zertrümmern konnten.

Von dem Hahnenbache an bis zur Quelle der Idar besitzt die weitere Fortsetzung, der von dem Fischbach bei Herrstein und von dem Idarbach wieder in drei Theile zerrissen wird, keinen durchgreifenden Namen; er wird öfters, wiewohl nur vereinzelt auch Idar genannt, während man in Birkenfeld ihn als „Hohwald" bezeichnet, der für diese Gegend auch zunächst der eigentliche Hohwald ist. Dack, in seinem werthvollen Werke „Ravengirsburg", nennt den mittleren Theil zwischen Fischbach und Idarbach, mit welchem Rechte weiss ich nicht, das „Herrsteiner Gebirg"; es ist dieses der Zug, in welchem sich die Wildenburg 2174 F., am Hofe 2091 F. erhebt, und von welcher im Westen sich der Sandkopf 2086,9 F. und im Osten die Mörschieder Haar 2087,0 F. erheben. In dem weiteren jenseits des Idarbaches gelegenen westlichen Theile,

GEBIRG- UND THALBILDUNG.

erheben sich der Gondelsbrucher und der Butterbecker Steinkopf jeder 2173,8 F., der Silberich über Kirschweiler 1912,9 F., der Ringskopf 2028,9 F., der Pannefels 2073 F. und der Waldkopf, nordwestlich der Landstrasse von Birkenfeld nach Bernkastel 2144,8 F. (Das Höhenverzeichniss des Fürstenthums Birkenfeld kennt keinen Pannefels, wie er zu Allenbach, Wirschweiler u. s. w. heisst, sondern einen Tannenfelsen, der aber nur mit 2040,5 F. hoch angegeben wird).

Zwischen dem nördlichen und dem südlichen Zuge erhebt sich nun noch ein mittlerer, der eigentliche Idarwald, welcher westlich des Hahnenbachs der hier auch Idarbach genannt wird, bei Laufersweiler mit dem mächtig vortretenden Idarkopfe 2255 F. beginnt, an den zwei Steinen die Höhe von 2420 F., am Steingerüttelkopf 2384 F., am Ehrekopf 2321 F. erreicht und sich an der Idarquelle unweit des Erbskopfes an den Hauptzug des Hochwaldes anschliesst. Es verbindet hier ein Sattel von einer halben Meile Länge und von mehr als 2000 F. Höhe, worauf die wenigen Häuser von Hütgeswasen liegen, den südlichen und den mittleren Zug. Die Strasse von Birkenfeld nach Bernkastel zieht der Länge nach über diesen Sattel und hat an der höchsten Stelle an der hängenden Birk, von wo sie sich nach Norden gegen Morbach hin senkt, 2198 F.

Auf der Ostseite dieses Sattels entspringt der Idarbach und fliesst, das Schwarzbrucher Wasser aufnehmend, nach Allenbach hinab; auf der Westseite entsteht die Tran bei Tranenweiher und trennt durch ihr tiefeingeschnittenes Thal wieder den südlichen und den nördlichen Zug des Hochwaldes. Dieser letztere ist die westliche Fortsetzung des Idarwaldes und erhebt sich mit der sehr flachen Kuppe des Erbskopfes bis zu 2518 F., nicht allein dem höchsten Punkte des Hunsrücks, sondern auch der ganzen preussischen Rheinlande; nach Westen reihen sich ihm nur durch schwache Einsenkungen getrennt und sich kaum über die höchste Höhenlinie erhebend, der Springenkopf, der Viehhauskopf, der Kuppelstein über Berfink*), der Sandkopf, der Diebskopf über Dammfloss und der Kötzelkopf zwischen Züsch und Hermeskeil, an.

Der südliche Hochwaldzug, gleich westlich von der Birkenfeld-Bernkasteler Strasse 2208,5 F. hoch, erhebt sich im Gefallberg bis zu 2220,1 F., im Schwandelskopf 2086,9 F. und dem mächtigen Felskopf Vorkastel über Berfink zu 2056,8 F. (gleich dahinter die Vichtrift am Stabel 1984 F.); am Tranthal südwestlich von Berfink, endet er. Es schliesst sich aber unmittelbar auf der Westseite des Thales in derselben Richtung, der 2 Stunden lange Dollberg an, der an dem Einflusse des Hengstbaches in die Tran bei dem Enscheider Hof bis zu 2214 F. ansteigt, da wo die Strasse von Abentheur nach Züsch hinüber führt, 2098 F. hoch ist, dann über Zinserhütten wieder zu 2214 F. ansteigt und im Süden mit dem merkwürdigen Ringberg 1883,9 F., bei Otzenhausen plötzlich an einem nur Hügelzüge zeigenden Plateau, endigt, das bei Oberschwarzenbach eine Höhe von 1449 F. hat. Auch auf dem Dollberge erheben sich sehr mächtige Quarzitfelsen.

---

*) Müsste eigentlich Pervink heissen, da der ganze Walddistrict und darnach der Ort, nach der Pervinca (Vinca minor L.) benannt ist.

Westlich von Hermeskeil schwindet allmählig der Name Hochwald und es treten nur noch mehr vereinzelte hohe Bergwälder auf, wie der ausgedehnte Errwald, höchste Stelle 2025 F., die 2070 F. betragende hohe Wurzel und der 2200 F. hohe Rösterkopf bei Osburg, beide unweit der Strasse von Trier nach Hermeskeil.

Dieser ansehnliche Ort, welcher sich auf dem Hochwaldplateau ausbreitet, hat an einer seiner höchsten Stellen au der Thüre des Gasthauses von Weber, eine absolute Höhe von 1660 F.

Fast ganz abgeschlossen durch die grosse und kleine Dhron und nur im Osten in einigem Zusammenhange mit dem Hochwalde, liegt der Haardt-Wald in der ehemals wildgräflichen Thalfanger Mark. Thalfang hat am Kellershaus 1¼ F. über der Schwelle 1406 F. (Ueber die Hochpunkte des Haardtwaldes liegen mir keine Messungen vor).

Wenden wir nun, nachdem wir die Höhenzüge und ihre hervorragendsten Kuppen betrachtet, unseren Blick den Thälern des Hochwaldes zu, die oft äusserst wilde oder liebliche und anmuthige Parthieen zeigen.

Es ist bereits erwähnt, dass der Hahnen- oder Kirnbach und zwar besonders sein westlicher hinter dem Idarkopfe entspringender Zufluss, der Anfangs Koppel, dann Alt- und weiter abwärts Idarbach heisst, bis er sich unterhalb Rhaunen mit dem Hauptbache vereinigt, die Gränze zwischen Hunsrück und Hochwald einschliesslich der Idar darstellt. Anfänglich weite Wiesenthäler durchschweifend, bricht er unterhalb Rhaunen tief in das Gebirg ein; schroffe Thonschieferwände erheben sich hoch über die Thalsohle und auf einem von dem Bache fast ganz umflossenen Vorberge trauern die Ruinen der für das wild- und rheingräfliche Haus einst so verhängnissvollen Schmidburg. Der Koppelbach fliesst durch ein wildes Wald- und Sumpfland und hat an der Horbrucher neuen Mühle nördlich des Idarkopfes, eine abs. Höhe von 1298 F.

Ein überaus reizendes Thal durchströmt der Idarbach, dessen Ursprung in einer der höchsten Stellen des Hochwaldes nahe am Erbskopfe liegt. Von Hüttgeswasen bis Allenbach sieht das Hochthal einer Alp ähnlich, der Boden mit vielen einzelnen Gebüschen und mit blühenden Wiesen bedeckt, auf beiden Seiten von hohem Laubwalde umgeben. Am Katzenloch 1321,6 F., nachdem er den vom Steingerüttelkopf herabströmenden Langweiler Bach aufgenommen, durchbricht er das sich noch 800 F. über ihn erhebende Gebirge, die mächtigen Quarzitwände, welche auf beiden Seiten emporstarren oder in ein ungeheures Felsenmeer von Quarzitblöcken zertrümmert sind. Dann öffnet sich das Thal wieder und hoch herab schaut der dunkelbewaldete Kopf der Wildenburg. Zahlreiche Achatschleifereien werden von dem Bach in Thätigkeit gesetzt und lassen regelmässig ihr heiser schrillendes Getöse vernehmen. Unterhalb Obertiefenbach 1130 F., verlässt der Bach das Grauwackengebirge und tritt in die Schichten des Unter-Rothliegenden ein. Zu Hettstein hat er noch 1101 F.; bald darauf durchbricht er den Melaphyr, durchfliesst den grossen gewerbthätigen Ort Idar, 985 F., und mündet zu Oberstein in einer der glanzvollsten Stellen des Nahethals, bei 880 F.

Der Fisch- Anfangs Asbach entspringt im Idar in

einer torfig-sumpfigen Einsenkung am Abhang der Höhe
„an den zwei Steinen", aus einer lebhaft sprudelnden
offenen Quelle von einer wilden Waldparthie umgeben:
der Bach fliesst zwischen Asbach und Kempfeld hin, an
der Asbacher Hütte vorüber durch Herrstein und mündet
unterhalb Fischbach, 710 F. in die Nahe.

Der Tran- oder Traunbach tritt auf der Westseite
des Bergsattels von Hüttgeswasen aus einem erst in neuerer
Zeit mit Fichten cultivirten, torfig-sumpfigen, offenen Thal
hervor, hat bei Tranenweiher eine Höhe von 1773,8 F.,
bei Berlink 1681 F., am Ostfusse des Dollberges 1565 F..
durchbricht an der Bleidenbach die mächtigen Quarzitmassen des Gebirgszuges und tritt dann in das Rothliegende
ein, wo die Landschaft sich plötzlich in weites offenes
Wiesenthal umbildet, worin das Dorf und Eisenhüttenwerk
Abentheur, 1391 F., und das ansehnliche Dorf Traunen,
1217 F., liegen. Etwas weiter abwärts durchbricht der
Bach den Porphyr, fliesst bei Ellweiler, 1159 F., vorüber
und mündet eine halbe Stunde weiter abwärts mit 1124 F.
in die Nahe. In der Nähe liegt der Bahnhof der Station
Birkenfeld, eine kleine Stunde von diesem Hauptstädtchen
entfernt.

Der bedeutendste nach der Mosel hin abfliessende Bach
ist die Dhron, die aus der grossen und kleinen Dhron
entsteht, welche man auch als fast ganz gleichbedeutend,
die östliche und die westliche Dhron nennen kann. Auch
über deren Benennung besteht grosse Unsicherheit. Die
östliche Dhron, welche bei Hinzerath am stumpfen Thurm
in 1750 F. Höhe entspringt, heisst zwar ganz allgemein
und unbedenklich die Dhron; die westliche Dhron aber,

die in der Nähe des Erbskopfes bei mehr als 2200 F. aus dem pflanzenreichen Gronzer Bruch als hohe Triftbach herabkommt und sich durch zwei rasch strömende Waldbäche, die Sattel- und Röderbach, verstärkt, heisst sodann, schon von oberhalb Dhronecken an, die Dhron. Erst weiter abwärts, wo sie sich der Vereinigung mit der östlichen Dhron nähert, wird sie Dhrönchen genannt.

Letztere durchfliesst in ihrem oberen Laufe bis unterhalb Dhronecken ein offenes und wegsames Thal; dann aber durchbricht sie in einem tiefen Einschnitt in unzähligen Krümmungen, einmal von der Mosel nur durch einen schmalen Bergrücken getrennt, ein sehr enges, grösstentheils ungangbares Thal, das nur von wenigen Mühlen belebt ist. Das Thal der östlichen Dhron ist gangbarer und man kann fast allenthalben, von der Quelle an und von Hinzerath über Bischofsdhron, in der Nähe von Morbach vorüber, durch Rapperath, unter Hunoltstein her, durch das wildromantische Gräfendhron, bis zu der schönen Parthie der Vereinigung beider Bäche ihren mannichfaltigen Krümmungen folgen, wobei oft ungeheuere Quarzitfelsen und Blöcke dem Bache oder dem Wanderer in den Weg treten. Von hier beginnt der Weinbau und man erreicht, indem man das grosse, weinreiche Dorf Dhron durchschritten, in einer starken Stunde bei Neumagen das Moselthal in circa 360 F. a. H. Kein Bach des Hochwaldes, auch die Nahe nicht, hat einen so bedeutenden Fall als die westliche Dhron. Auson nennt die Dhron den kleinen Drahonus, Venantius Fortunatus, vielleicht nur durch einen Schreibfehler oder durch eine einfache Buchstabenversetzung, Rhodanus.

Ein kleiner aber bemerkenswerther Bach, der ebenfalls ein sehr bedeutendes Gefälle besitzt, ist der Feller- oder Altbach. Er entsteht aus zwei Waldbächen, die zwischen Deuren und Forschweiler an der hohen Wurzel entspringen; nachdem sich zu Oberfell der Thommer- oder Nossenbach mit ihm vereinigt hat, mündet er nach kurzem Laufe zwischen Longuich und Riol, drei Stunden unterhalb Trier, in die Mosel.

Von grösserer Wichtigkeit ist die Ruwer, Ausons Erubrus, die in einer Höhe von circa 1600 F., zwischen Seinsfeld und Kell, südlich von der hohen Wurzel, entspringt und bis Niederzerf fortwährend in westlicher Richtung fliesst. Das dem Ursprunge am nächsten liegende Dorf Kell hat 1419 F. Von Niederzerf (Barriere 1127,6 F., am Bach 1052 F.) durchströmt sie ein langes, oft sehr enges Thal, nimmt oberhalb Waldrach die ebenfalls in der Nähe der hohen Wurzel entspringende rasche Riveris auf, durchfliesst das weinreiche Casel und mündet zu Ruwer, 400 F., eine Stunde unterhalb Trier, in die Mosel. Bemerkenswerthe Stellen in diesem schönen Thale sind noch der neue Weiher, am Vereinigungspunkte des Eschbachs mit der Riveris, 1427 F., die Mombachshütte, 1225 F., die oberste Osburger Mühle, 883 F., Riveris, an der Brustmauer der Brücke, 665 F., am Steg über die Ruwer oberhalb Waldrach, 490 F., Casel auf der Brücke, 456 F.

Die Prims entfliesst in bedeutender Höhe dem Hochwalde, fast eine Meile nördlich von Hermeskeil und geht zuerst nahe dem Dörfchen Dammfloss vorüber; zwischen Züsch und Hermeskeil durchfliesst sie ein reizendes Waldthal. Bei Nonnweiler, 1105 F., tritt sie in das Unter-Rothliegende und dann in das Ober-Rothliegende ein; ihr Thal erweitert sich fortwährend nach Süden gerichtet und erst bei Mettnich erhält sie westliche Richtung. Dann nimmt sie, südlich von Wadern, in einem weiten, offenen Wiesenthale, zuerst den Lästerbach und dann die bedeutende, aus dem Hochwalde strömende Wadrill, 788 F. auf und tritt alsdann, indem sie vorherrschend südwestliche Richtung verfolgt, ganz aus dem Gebiete des Hochwaldes heraus, um bei Dillingen, unterhalb Saarlouis, in die Saar zu münden.

Zuletzt sei noch der Nahe erwähnt, dem bedeutendsten dem Hochwalde entströmende Fluss, der bei Selbach im Rothliegenden, 1275,3 F. ü. M., seine Quelle hat. Sie hat aber mit dem Hochwalde weiter nichts mehr zu thun, als dass sie die vielen Bäche aufnimmt, die demselben entströmen.

Die geologischen Verhältnisse des Hochwaldes.

Der Hunsrück gehört, wie das ganze mittel- und niederrheinische Gebirge, seiner Hauptmasse nach, dem devonischen System an und hat sich zu einer Zeit aus dem Urmeere erhoben, die vor aller menschlichen Berechnung liegt. Nur die silurische Periode ist älter; die unendlich lange Kohlenperiode, die Trias oder die Bildungszeit des Buntsandsteins, des Muschelkalkes und des Keupers, die ganz unberechenbar langen Zeiten der Jura-, Kreide- und der Tertiärbildungen gehören alle späteren Jahrtausenden an. Ebenso haben die späteren plutonischen Bildungen, Porphyr, Melaphyr und Diorit, sich aus dem Schoosse unseres Gebirges emporgehoben.

Das devonische Gebirgssystem ist neptunischer Entstehung und durch Niederschläge aus dem Urmeere gebildet, wesshalb es auch immer deutlich geschichtet ist. Da diese Gebirgsmasse in dem Wasser entstanden ist, so muss sie auch die Ueberreste von Wasserbewohnern einschliessen und in der sind die nördlichen Abhänge des Hunsrücks, besonders nach der unteren Mosel hin, überaus reich an Versteinerungen, besonders an Muscheln, Schnecken und Crinoiden; auch auf dem Son haben sich zahlreiche Versteinerungen gefunden. Weniger ergiebig ist bis dahin der Hochwald gewesen: doch ist eine Stelle, der Buhlenberg bei Abentheur sehr reich an Petrefacten, und die Schieferbrüche von Buntenbach sind reich an sehr seltenen Arten, namentlich an Seesternen.

Die Gesteinformen des devonischen Systems bestehen hauptsächlich aus Grauwacke, Thonschiefer und Quarzit. „Unsere gewöhnliche Grauwacke ist ein feinkörniger Sandstein, mit mehr oder weniger Thonschieferbindemittel.; der Thonschiefer besteht aus Silikaten von Thonerde, Eisenoxyd, Eisenoxydul, Kalk, Magnesia, Kali, Natron und Wasser und ist gewöhnlich sehr fein und deutlich geschichtet, während der Quarzit vorherrschend oder fast ganz aus Quarzkörnern ohne Quarzbindemittel besteht und sehr grob oder undeutlich geschichtet" ist. Manchmal zeigt sich der Quarzit so massenhaft, dass man fast gar keine Schieferung darin erkennt, wie z. B. an den grotesken Felsen von Hunoltstein; dagegen erkennt man an den gewaltigen

Quarzwänden der Wildenburg und der Schanze über dem Katzenloch ganz deutliche Schichtung, während er auf dem Pannefels in diagonal' aufgerichteten zwei bis vier Zoll dicken Platten mächtig ansteht. Auf dem Steingerüttelkopf finden sich auch Quarzblöcke, welche sich schalig theilen. Der Quarzit bildet auf dem ganzen Hoch- und Sonwalde zusammenhängend den höchsten Rücken, der nur durch die die Thäler bildenden Durchbrüche getrennt ist. Hier aber steht er dann auch in höchst grotesken Felsen an und die Abhänge sind mit Quarztrümmern in so grossen Massen bedeckt, wie z. B. im Katzenloch, dass man solche Stellen mit gleichem Rechte ein Felsenmeer nennen könnte, als das Felsenmeer bei Bensheim im Odenwalde. Während nun der Quarzit den höchsten Rücken des Gebirges bildet, steht er nicht selten in mächtigen und oft pittoresken Partieen auch auf dem niedrigeren Plateau hervor, wo durch die Gewalt der Elemente der den Quarzit umgebende Schiefer zerstört wurde und jener, als festere Massen stehen geblieben ist. Die merkwürdigsten und grossartigsten Partieen dieser Art sind die burgartigen Felsen im Dhronthale bei Merscheid, die Felsen von Hunoltstein, die Büdlicher Wacken, der Harpenstein im unteren Drohnthale und der spitze Stein bei St. Goar. Auch der berühmte Well- oder Wildstein über der Kautenbach bei Trarbach, obgleich in Grösse höchst unbedeutend, gehört dazu. Dieser Stein, aus einigen aufeinander gelagerten Quarzblöcken bestehend, ist in früherer Zeit von Alterthumsforschern als ein aus Granitblöcken aufgerichtetes Grabmal eines heidnischen Königs angesehen und beschrieben worden.

Der Dachschiefer ist ein Thonschiefer von einem viel

feineren Gefüge und grosser Gleichmässigkeit in der Zusammensetzung, der fast durchweg in oft mächtigen Zügen auf den Seiten der genannten Bergrücken liegt und Gegenstand einer sehr einträglichen Ausbeutung geworden ist.

Auf der Nord- und Südseite des Hochwaldes sind auch Eisengruben im Betriebe.

So weit der Hochwald reicht, so weit reichen auch die Schichten des devonischen Gesteins, die von Nordost nach Südwest streichen. Alle hervorragenden Gesteine, alle Grubenarbeiten, weisen diese Richtung der Schichten nach. Der Name des Hochwaldes, wie überhaupt der höchste Theil des Gebirges, verschwindet, wo andere Gesteine auftreten und wir könnten unsere geologische Betrachtung schliessen, wenn es nicht auch von Interesse wäre, zu erfahren, welche Gesteine an den Rändern des Hochwaldes liegen.

Die grösste Mannichfaltigkeit zeigt sich hier auf der Südseite. Zunächst ist es ein Unter-Rothliegendes mit unbedeutenden Kohlenflötzen durch seine Peterfakten ganz bestimmt characterisirt (nach einer Originalmittheilung des berühmten Verf. der geogn. Charte der Rheinprovinz etc.), welches sich auf der Südseite dem devonischen Gestein aufgelagert hat. Dieses Unter-Rothliegende beginnt als ein schmaler Streifen nordöstlich von Wallhausen, zwischen Gräfenbach und Güldenbach und erstreckt sich fortwährend den Abhängen des Hochwaldes und dessen Schichtungen folgend, bis an die Wadrill über Nonnweiler hinaus. Es hat sich durch diese Gebirgsformation ein sanft wellenförmiges Hügelland gebildet, gegen das die sich darüber

erhebenden mächtigen Rücken der devonischen Gebilde
auffallend abstechen.

Der höchste Punkt dieses Unter-Rothliegenden möchte
wohl die Stelle des südlichen Ausganges von Gollenberg
sein, 1624 F., auch die Stelle auf welcher die Kirche
von Veitsroth liegt, 1495,6 F., und eine andere, zwischen
Eisen und Otzenhausen, im Birkenfeldischen nahe an der
preussischen Gränze, die auch noch zu 1478,2 F. gemessen
ist. Vermuthen muss ich jedoch, dass die kleinen nach
Norden gerichteten Buchten über Otzenhausen und Nonnweiler, von welchen mir keine Messungen vorliegen, doch
leicht noch etwas höher sein können. Birkenfeld selbst
liegt auf Unter-Rothliegenden 1276 F. Durch plutonische
Erhebungen, Porphyr und Melaphyr, ist diese kleine Parthie
getrennt von dem ausgedehnten Unter-Rothliegenden, welches das Kohlengebirge von Saarlouis bis in die Gegend
von St. Wendel begleitet.

Im Osten sowohl, wie im Süden und Westen legen
sich noch andere neptunische Gebilde der devonischen Formation an, der Buntsandstein und das Ober-Rothliegende,
die aber fast durchgängig durch die beschriebene schmale
Zone des Unter-Rothliegenden davon getrennt sind und die
auch nicht mehr als zum Hochwalde gehörig angesehen
werden können. Am nächsten zum Hochwalde tritt das
Rothliegende bei Eisen heran, wo der Rothenberg zu
1634,7 F. und der Dankelberg zu 1628,1 F. sich erheben, so wie bei Dambach 1394 F. und bei Birkenfeld,
wo die Burg Birkenfeld in einer Höhe von 1508 F. liegt.
Die höchsten Punkte des Rothliegenden möchten jedoch
der Petersberg 1733,2 F. südlich, der Friesberg

1704,2 F. und der Booksberg 1692,6 F. südöstlich von Otzenhausen sein.

Der Buntsandstein in noch geringerer Bedeutung für den Hochwald, tritt jedoch im Westen bei Greimerath und Oberzerf unmittelbar an denselben heran und lagert sich dem Devon auf, so wie er auch bei Bergen und Thailen nur durch schmale Streifen des Rothliegenden davon getrennt ist. Höhenmessungen auf diesem Gestein in der Nähe des Hochwaldes liegen mir nicht vor, doch mag es wohl dieselben Höhen mit dem Rothliegenden erhalten, da der Bachspiegel bei Oberzerf 1133,5 F. hat und das Buntsandsteingebirge sich noch bedeutend darüber erhebt.

Die plutonischen Gebilde sind Melaphyr und Feldspathporphyr, von welchen der erstere oft sehr nahe an den Hochwald herantritt, aber nie das devonische Gebirge sondern fast immer das Rothliegende durchbricht. Im Fürstenthum Birkenfeld, also nahe am Gebiete des Hochwaldes, liegen auf dem nach Südwesten geneigten Plateau die Dörfer Borschweiler 1304,2 F., Vollmersbach 1218,0 F., Regulshausen 1390,0 F., Rimsberg 1334,0 F. hoch; über dieselben aber erheben sich Berghöhen noch bis zu 200 F. und darüber, wie der Krausberg, 1595,4 F. bei Rimsberg, der Himmelskopf 1564 F., einzelne Melaphyr-Erhebung zwischen Nieder- und Oberbrombach, der Mooshübel 1564 F. zwischen Gollenberg und Heubweiler, der Stapp, 1588,3 F. bei Schmiesberg, eine Waldkuppe, 1654 F., westlich von Nohen, der Dallenhübel, 1629 F., über Gödschied (1129,9 F.) Die Nahe hat von Hoppstädten an bis weit über Oberstein hinab, den Melaphyr in seiner ganzen südwestlichen Ausdehnung durchbrochen.

Der Feldspathporphyr, theils aus dem Kohlengebirge, theils aus dem Rothliegenden auftretend und häufig mit dem Melaphyr wechselnd, hat in der Nähe des Hochwaldes bei Weitem die Ausdehnung nicht, als dieser. Hauptsächlich erscheint er auf beiden Seiten der Nahe bei Nohfelden und auf beiden Seiten der Traun bei Ellweiler; eine noch viel kleinere Parthie tritt unmittelbar aus dem Devongestein auf der Nordseite der Stronzbuscher Hardt bei Gornhausen, eine Meile von der Mosel bei Mülheim hervor. Höhen wie der Brand, 1652 F., bei Hoppstädten (1101,0 F.), der Dreiherrenkopf, 1625,0 F. über Ellweiler (1159,4 F.), der Homerich, 1624 F. und der Rönwald, 1622 F., über Nohfelden (1130,3 F.), beweisen, dass die Erhebungskraft des Porphyrs die des Melaphyrs nicht übertroffen hat.

Hyperit tritt im Fischbachthale unterhalb Herrstein, wie an einigen anderen Stellen des Hunsrücks, nur in sehr unbedeutenden Parthieen aus der Grauwacke hervor. Devonischer Kalk, wie bei Stromberg, findet sich im ganzen Gebiete des Hochwaldes gar nicht, eben so wenig, wie Basalt, der sich an einigen Punkten des östlichen Hunsrückens aus dem Devon erhebt.

Die Pflanzenwelt.

Die Gärten.

Die Gartenkunst hat auf dem Hochwalde noch keine grosse Anerkennung gefunden; man zieht eben das, was man gebraucht, und bekümmert sich wenig um das Schöne, das doch von dem Wohlhabenden mit geringen Mitteln zu erreichen wäre. Es ist das auch leicht zu erklären, da gutes leicht bebaubares Land nicht im Ueberfluss vorhanden ist und man sich daher genöthigt sieht, dasselbe für den Gemüsebau zu verwenden. Blumen sieht man selten bis auf wenige bekannte Arten; eigentliche Blumenfreunde sind mir nur sehr sparsam zu Gesicht gekommen und dann zeigte sich ihre Blumenfreude nur in einem sehr beschränkten Maassstabe. Das Clima, obgleich in jenen luftigen Höhen rauh genug, kann kein Hinderniss bieten für zahlreiche Rosenarten, für Pensees, Nelken und viele andere, besonders einjährige Florblumen, aber auch für zahlreiche Stauden kann das Clima gar nicht besser sein. Ich halte mich überzeugt, dass in Gärten zu Allenbach, Bischofsdhron, Morbach u. A., Rosen und Pensees eben so gut, wo nicht besser gedeihen würden, als am Rheine.

Auch nur an wenigen Fenstern erblickt man Topfgewächse, und wenn sie vorhanden, sind es gewöhnlich ältere Fuchsiensorten. Freude an den Blumen ist aber einer der unschuldigsten und bildendsten Genüsse und wenn ein Haus am Fenster oder im Garten einen Blumenflor zeigt, so erkennt man, dass die Bewohner sich über den ersten Naturzustand erhoben haben. Wandre ich durch ein Dorf um mir einen Aufenthaltsort aufzusuchen und es bleibt mir die Wahl zwischen verschiedenen Häusern, so wähle ich mir dasjenige, an welchem ich Blumen sehe; nicht blos weil ich die Blumen liebe, denn zu Hause finde ich doch schönere, sondern weil ich sicher bin, eine sorgsame Hausfrau, eine verständige Tochter, zu finden. Das männliche Geschlecht auf dem Lande hält es gewöhnlich unter seiner Würde sich mit Blumen zu beschäftigen.

Was den Obstbau betrifft, so kann bei dem rauhen Clima nicht viel davon verlangt werden und es würde sogar für ein unverständiges Unternehmen angesehen werden müssen, wollte man Geld, Zeit und Raum für feinere Sorten verwenden. Nur Obstsorten, welche spät blühen und früh reifen, können für solche Climate angerathen werden; diese aber sollten doch gut gepflegt, gerade gewachsen, rein von Flechten und anderen Schmarotzerpflanzen, gut beschnitten u. s. w. gefunden werden.

Es ist jedoch erfreulich, Kirschen und Pflaumen (Zwetschen) noch in bedeutend hohen Lagen gedeihen zu sehen, weit höher als in der Eifel, wo jedoch auch die wenigsten Orte so geschützt liegen, als die meisten Orte des Idar- und Hochwaldes. Mirabellen fand ich auch in Bischofsdhron, bei fast 1600 F. a. H.

Aus der namentlichen Aufzählung der Gewächse, welche ich an einzelnen hochgelegenen Orten notirte, ergibt sich, wie weit man es in der Gartenkunst gebracht hat und wie hoch in diesem rauhen Clima unsere Culturgewächse noch gedeihen.

In den Gärten zu Hinzerath, 1650 F. a. M., fand sich von Gemüsen und Gewürzkräutern: die vielblüthige Schneidbohne (türkische oder Feuerbohne mit weissen und rothen Blüthen, Phaseolus multiflorus), Erbsen, dicke Bohnen (Vicia Faba), gelbe Rüben, Salat (Lactuca sativa), Endivie, Runkelrüben, Gurken, Lauch (Porre, Allium Porrum), Boretsch, Mährrettig, Bohnenkraut (Pfefferkraut, Satureja hortensis), Zwiebeln; von Arzneipflanzen: krause Malve (Malva crispa, meist als Käschenkraut bekannt und fast in den meisten Gärten oft bis zu 5 F. Höhe, als Vieharzneipflanze), Isop (Eisepott, Hyssopus officinalis, wird um das Einschlafen zu verhindern, zum Riechen in den Nachmittagsgottesdienst mitgenommen), Absynth (Alsem), Katzenmünze (Nepeta Cataria); an Blumen fanden sich: Stockrosen (Althaea arborea), Centifolien, Nelken, Federnelken, Goldlack, Lupinus variabilis, weisse und Feuerlilien, Ringelblumen (Calendula officinalis), wohlriechende Wicken, und auch in einem Garten die sogenannte Christrose (schwarze Niesswurz, Helleborus niger).

In einem sehr gut gepflegten Garten zu Kempfeld 1682 F. a. M., so wie in benachbarten Gärten wurden notirt: an Gemüsen die türkische und sehr sparsam die gemeine Schneidbohne (Phaseolus communis), Erbsen, Schwarzwurzeln (Scorzonera hispanica), rothe, gelbe und weisse Rüben, Blumenkohl (sehr schön), Weiss- und Rothkraut, Winterkohl, Spinat, Mangold (römischer Kohl), Endivie, Gartensalat (Lactuca sativa), Melde (Atriplex hortensis); an Gewürzkräutern: Lauch, Zwiebeln, Bohnenkraut, Petersilie, Dill (Anethum graveolens), Sellerie, Mohn, Mährrettig; von Zierpflanzen fanden sich vor: Centifolien, Syringen, Astern, Levkojen, dreifarbige und Trichterwinde, Lupinus variabilis, verschiedene Phlox, Aster nova Angliae, Nelken, Bartnelken, Goldlack, weisse Lilien, Reseda.

Zu Hütgeswasen, 2074 F. a. H., in allem Unwetter sehr preisgegebener Lage, fand ich nur einen, aber sehr gut ausgestatteten Garten. Derselbe enthielt an Gemüsepflanzen und Gewürzkräutern: Feuerbohnen, dicke Bohnen, Erbsen, Weisskraut, Winterkohl, Krauskohl, rothe und gelbe Rüben, Melde, Zwiebeln, Lauch (Porre), Schnittlauch, Petersilie, Boretsch, Bohnenkraut, Mährrettig; an Arzneipflanzen fanden sich: Salbei, Krausemünze (Mentha crispa nicht crispata), Odermennig (Agrimonia Eupatoria), Liebstöckel (Levisticum officinale), Absynth (Artemisia Absynthicum) und am Gartenzaun Meisterwurz (Imperatoria Ostruthium, ob verwildert?). An Zierpflanzen wurden notirt: Centifolien, Aurikeln, Löwenmaul, Sedum Anacampseros, Aconitum Napellus, Malven, Syringen, Winterlevkojen, Phlox, Wachsblümchen (Cynoglossum linifolium), Bartnelken, Stiefmütterchen.

Selbst auf der beinahe 2100 F. h. Wildenburg gedeihen noch stattliche Rostkastanien, und im Garten des Försterhauses blühten am 28. Juni 1865 Aurikeln, Centifolien, weisse und Essigrosen reichlich, Johannis- und Stachelbeeren trugen Früchte und mancherlei Gemüse und einige Blumenarten waren vorhanden. Es ist höchst interessant, dass diese Pflanzen, natürlich mit Ausnahme der uns aus Amerika zugeführten Phlox- und Lupinus-Arten, alle in den Capitularien Karls des Grossen enthalten sind, deren Anbau er im Jahr 812 auf allen seinen Meierhöfen befohlen und welche wieder fast dieselben sind, die Virgil, Columella, Plinius, Dioskorides und Galen in ihren Schriften nennen. Zugleich sind es aber auch diejenigen Gewächse, welche nicht nur in den Gärten der Landleute durch ganz Deutschland, wie z. B. in Schlesien, sondern ebenso gut in Norwegen und Schweden verbreitet sind. Doch ist die Zahl der von dem grossen Kaiser vorgeschriebenen Arznei-, Gewürz- und Zierpflanzen etwas grösser, als ich sie auf dem Hochwalde gefunden habe. Es fehlt vielleicht nur noch eine genauere Durchforschung der Gärten zu verschiedenen Jahreszeiten, um diesen Ausfall aufzufinden. Ob nun Karl der Grosse nur Culturgewächse vorgeschrieben hat, welche damals schon durch ganz Deutschland als solche bekannt waren, oder ob er mit Hülfe von Sachkennern sie den Schriften der obengenannten Griechen und Römer entnommen und ob sie dann durch die Klöster in Europa weiter verbreitet worden? das sind Fragen, die wohl nie zu lösen sein werden.

Die Wiesen.

Die Viehzucht des Hochwaldes befindet sich auf einem viel besseren Standpunkte, als in anderen Gebirgsgegenden des Rheinlandes und trägt die anerkannte Vorzüglichkeit der Race, die von dem nahe gelegenen Birkenfeld den Namen hat, zu diesem besseren Verhältnisse bei. Daher ist denn auch so viel als möglich, alles Land für Wiesen benutzt, was nur dazu verwendet werden konnte. Bei dem vielen uncultivirbaren, steinigen Boden hat man für die Wiesen hauptsächlich nur die Thäler in Anspruch genommen und es sind namentlich das Idar-, das Traun-, das Fischbach-, das Dhronthal, deren Sohle mit dem üppigsten Wiesenwuchs bedeckt ist. Ziehen sich die Wiesen etwas mehr an den Berghalden hinan, so erkennt man freilich die Unzulänglichkeit der Behandlung, da wenig oder gar nicht für künstliche Bewässerung gesorgt ist; ebenso ist sehr oft an den tieferen Stellen der Thalsohle für Entwässerung Nichts gethan, so dass sich stagnirende Stellen mit Eisenoxydhydrat gebildet haben, wo nun die sauern und Halbgräser, namentlich Binsen und Seggen (Scirpus- und Carex-Arten), ihr reichliches Gedeihen finden.

Die Wiesen sind aber nicht allein in Bezug auf die Viehzucht von grosser Wichtigkeit, sondern sie bezeichnen, nächst den Wäldern, den pflanzengeographischen Character einer Gegend und erfreuen das Auge durch ihr buntes Blumengewand und ihr erfrischendes Grün. Welches Auge hat nicht schon entzückt die Farbenpracht und den Glanz einer blumenreichen Wiese bewundert! Nie wird mir die freudige Ueberraschung aus der Erinnerung schwinden, die sich mir darbot, als ich zwischen Allenbach und Hüttgeswasen an eine Wiese trat, auf welcher vorherrschend der goldgelbe Wohlverleih (Arnica montana), die purpurrothe Wiesenflockenblume (Centaurea pratensis) und die bläuliche Ackerscabiose (Knautia arvensis) mit zahlreichen anderen schönblühenden Kräutern und den zierlichen Rispen der verschiedensten Gräser mich anstrahlten.

Auf den Wiesen des Idarthals vom Katzenloch bis Hütgeswasen wurden 115 Arten von Gefässpflanzen notirt, wovon 31 Arten ächte Gräser und Halbgräser. Dabei ist es bemerkenswerth, wie die Gräser der tiefer gelegenen Thäler, die an der Nahe und am Rheine die Grasvegetation hauptsächlich bilden, wie das englische und französische Raygras, das Knaulgras und der hohe Schwingel, hier fast ganz fehlen, oder doch nur eine sehr untergeordnete Rolle spielen, wogegen hier, wie dort, das Ruchgras (Anthoxanthum odoratum) und das wollige Honiggras (Holcus lanatus) nirgends fehlen und das Kamm- und Zittergras (Cynosurus cristatus und Briza media) hier wie dort ziemlich häufig vertreten sind, jedoch Waldwiesen vorziehen und der verschiedenblättrige Schwingel (Festuca heterophylla), ein vorzügliches Futtergras, fast nur ausschliesslich in diesen höheren Lagen, 1200 F. a. H. und darüber, vorkommt. Die blaue Molinie (Molinia coerulea), ein schlechtes Futtergras, geht auch nicht unter 1000 bis 1200 F. a. H. herab.

Auf der Nordseite des Hochwaldes, auf einer Bergwiese bei Thalfang, in mindestens 1700 F. a. H., notirte ich am 27. Juni 1866 35 Arten von Phanerogamen, worunter 11 ächte Gräser und darunter auch der Wiesenschwingel, der sonst in solchen Höhen nicht vorkommt. Die dicotyledonischen Gewächse waren die allergewöhnlichsten Wiesenpflanzen, wie sie auch in tiefer gelegenen Gegenden auf den Waldwiesen vorkommen.

DIE PFLANZENWELT.

Bei Kempfeld, 1600 F., in sanfter Steigung nach dem Fischbachthale fanden sich auf aufgetrocknetem sumpfigen Boden einer alten Waldwiese 55 Blüthenpflanzen, worunter 10 Grasarten, das Wiesen-Lieschgras (Phleum pratense), die rasenförmige und die geschlängelte Schmiele (Aira caespitosa und flexuosa), das gemeine Straussgras (Agrostis vulgaris), das gemeine Ruchgras (Anthoxanthum odoratum), das wollige Honiggras (Holcus lanatus), das ausgestreckte Dreizahngras (Triodia decumbens) und der verschiedenblättrige, der rothe und der Wiesenschwingel (Festuca heterophylla, rubra und pratensis).

Die Wälder.

Alle Höhenzüge des Hochwaldes sind dicht mit Wald bedeckt, der sich selbst noch bedeutend auf die Plateaus und in die Thäler ausdehnt. Fünf königliche und zwei Communal-Oberförster sind im preussischen, und ein Forstmeister im Birkenfeldischen Gebiete mit der höheren Beaufsichtigung der Wälder beschäftigt. Von den fünf königlichen Oberförstereien gehören drei ganz dem Hochwalde an und zwar Dhronecken mit 27884, Morbach mit 21682 und Kempfeld mit 19887 Morgen. Die Oberförstereien von Osburg 12450, und Wadern 11720 Morgen, erstrecken sich nur theilweise über den Hochwald. Von den Communal-Oberförstereien erstreckt sich Hermeskeil über 37233, Morbach über 37838; der birkenfeldische Antheil am Hochwalde beläuft sich auf circa 31000 Morgen.

Die Aufmerksamkeit auf den Wald und die Waldcultur wird in einem sehr hohen Grade ausgeübt, so dass die Bewohner über eine zu grosse Benachtheiligung ihrer landwirthschaftlichen Interessen Klage führen. Wenn wir aber bedenken, dass gutgepflegte Wälder auf den Gebirgszügen eine grosse Wohlthat für die anliegenden Plateaus sind, wenn wir ferner bedenken, dass die Höhenzüge fast ganz aus nacktem Quarzit bestehen, worauf, wenn die Wälder vorwärts kommen sollen, sich durchaus ein besserer Laubboden bilden muss, so kann man nicht verkennen, dass die Forstbehörde auf einen ordentlichen Waldschutz mit Strenge achten muss.

Man darf aber auch nicht verkennen, dass auch grosse Districte vorhanden sind, denen es an gutem Boden durchaus nicht mangelt und da glaube ich, dürfe man im Interesse der ersten Nahrungsquelle der Bevölkerung, des Ackerbaues, doch auch wohl deren Bedürfnissen einige Rechnung tragen, wie ja selbst an manchen Orten und unter manchen Verhältnissen nicht selten geschieht. Zu bedauern finde ich es, dass die Waldcultur sich unbedingt auf alles Sumpf- und Torfland ausdehnt, wodurch ein sehr fühlbarer Wassermangel eintritt, der besonders in den Bächen sichtbar wird.

Eine sehr aufmerksame Waldcultur war dem Lande, nach dem früheren Raubsystem, durchaus nothwendig und desshalb darf ein gründlicher Forstschutz nicht fehlen.

Hoffen wir aber, und es steht wohl sicher anzunehmen, dass den Interessen des Ackerbaues auch die gebührende Rechnung getragen wird, wenn die Wälder wieder in dem richtigen Verhältniss da stehen.

DIE PFLANZENWELT.

Obgleich die höheren, bewaldeten Rücken des Hochwaldes sich mehrere hundert Fuss über die mittlere Grenze des Laubholzes (1900 — 2000 F.) erheben, so trägt derselbe doch von Natur nur Laubholz und alle Nadelhölzer, mit Ausnahme des Wachholders, sind durch Cultur dahin gebracht.

Auf dem Hochwalde ist die Buche vorherrschend, die Eiche, vornemlich die Traubenoiche, ist in tieferen Lagen eingesprengt; reine Eichenbestände sind nicht häufig; Hainbuche und Bergahorn sind selten, Birken und Erlen treten nur in den Brüchen auf und Ulme und Esche fehlen beinahe gänzlich; letzere bei der Wildenburg ist wohl angepflanzt.

Untergeordnete Holzarten sind die Vogelkirsche, der Faulbaum, die Vogelbeere (Eberesche), die Mehlbeere, die Hasel, die weisse, Sohl- und geöhrte Weide, die Zitterpappel.

Auf dem Idarkopfe notirte ich folgende Holzarten: gemeine Birke, gemeine Erle, Sohl-, aschgraue und geöhrte Weide, Zitterpappol, Mehlbeere, Eberesche, Faulbaum, Hainbuche, Stechpalme, Buche und Traubeneiche. Auf dem Steingerüttelkopf fanden sich als Hauptbestand Buchen, und dazwischen auch als Baum, der Bergahorn, Stiel- und Traubeneiche, die Hasel, Eberesche und Mehlbeere sehr sparsam. Ganz ähnlich ist die Vegetation des Erbskopfes; doch fallen hier die sonderbaren Baumformen auf. Eichen und Buchen erscheinen nicht selten mit einem dicken niedrigen Stamme, aus dem zahlreiche Zweige, nicht Aeste hervortreten, einer Urne gleichend, in welche man grüne Zweige gesteckt hat. Die Mehlbeere (Sorbus Aria) erreicht auf dem nackten Quarzit nicht selten die Grösse einer mittelmässigen Eiche.

Ein Mehlbeerbaum auf dem höchsten Punkte des Erbskopfes, nahe dem projectirten Wartthurme, verdient eine nähere Betrachtung. Er besteht aus zwei Hauptstämmen von starker Mannsdicke, die einen Fuss über dem Boden auseinander gehen und zwei Nebenstämmen von der Stärke eines Schenkels, die sich wieder in mehrere Aeste theilen; drei bis fünf Fuss über der Basis sind die Stämme schon in zwanzig Aeste getheilt, die schwächeren Zweige nicht mitgerechnet; die Entfernung der beiden äussersten Endpunkte der ausgebreiteten Aeste beträgt zwei und zwanzig Schritte. Zahlreiche Flechten bedecken die Stämme und Aeste.

An niedrigeren Pflanzenarten ist der Rücken des Hochwaldes sehr arm; oft erscheint der Boden fast ganz kahl, oder als wenn er, oberflächlich betrachtet, hier nur mit Heidekraut (Calluna vulgaris) oder dort nur mit Heidelbeeren (Vaccinium Myrtillus) bedeckt wäre. Doch finden sich hier und da noch einige Gräser, Farne und andere niedrige Pflanzen dazwischen. Der Steingerüttelkopf im Idar, 2405 F., trug unter den obengenannten Baum- und Straucharten noch das Stein-Labkraut (Galium saxatile) häufig; vereinzelt fand sich der rothe Fingerhut (Digitalis purpurea), der kleine und der gemeine Ampfer (Rumex Acetosella und Acetosa), der Sauerklee (Oxalis Acetosella), der stechende Hohlzahn (Galeopsis Tetrahit), die schwarze Rapunzel (Phyteuma nigrum), die weisse Hainsimse (Luzula albida) und von Gräsern das wollige Honiggras (Holcus lanatus), das gemeine Straussgras (Agrostis vulgaris), der verschiedenblättrige Schwingel (Festuca heterophylla) und das Borstengras (Nardus stricta). Ein schöner Farn, der dornige Schildfarn (Aspidium spinulosum), fand sich in verschiedenen Formen und auch der männliche Schildfarn (Aspidium filix mas) fehlte nicht. Himbeeren und Heidelbeeren standen reichlich, verschiedene Moosarten fanden sich in schönen Polstern, namentlich Racomitrium lanuginosum, dazwischen.

Am Idarkopfe wurden am 10. September 1865 vom Fusse bis zur Spitze 130 Arten von Gefässpflanzen notirt.

Durch die Kultur sind bedeutende Nadelholzpflanzungen hervorgerufen, die aber meist noch von jüngerem Bestande sind. Die Fichte (Rothtanne, Pinus Abies, Abies escelsa) ist das am besten gedeihende Nadelholz und daneben die Lärche (Larix europaea). Ein schöner Fichtenwald liegt in der unmittelbaren Nähe von Kempfeld. Der prächtigste Wald aber ist der Edel- (Weiss-) Tannenwald von Allenbach, nahe an der Idarquelle, über 25 Morgen gross, in mehr als 2100 F. a. H. Dieser herrliche Wald, an dessen Anblick man sich gar nicht sättigen kann, enthält mehrere tausend Edeltannen, unter welchen noch sechzig Stämme von drei bis gegen fünf Fuss Durchmesser und entsprechender Höhe, deren Alter man auf 200 Jahre schätzt. Der Boden ist dicht mit verschiedenen Moosarten bedeckt, dagegen sind Kräuter und Gräser nur sehr sparsam vertreten. Zahlreiche Fichten, mehrere Buchen und einige Ebereschen fanden sich eingesprengt.

II.

Historisches.

Der stumpfe Thurm.

Unter den vielfachen Erinnerungen, welche von dem Dasein und Wirken der Römer in unserem Rheinlande geblieben sind, ist die grosse Strasse, von Mainz und Bingen nach Trier, jetzt noch eine der am meisten in die Augen springenden. Nach den speciellen Ermittelungen der Königlichen Strassenbau-Direction zu Coblenz lief diese alte Römerstrasse „über den Berg, Bingen gegenüber, nach Sooneck durch den Wald Kanterich nach Rheinböllen in gerader Linie. Von da über Alt-Weidelbach bis Ellern, durch die Morsbacher Flur nach dem Schafhof nahe bei Ohlweiler vorbei, durch die Kauerbach nach Denssen*). Von da durch die Liederbach, durch die Dillbach (an der sogenannten Oelmühle) bei Hochscheid (wo noch jetzt ein

---

*) Pfarrer Heep berichtigte diese Angabe später dahin: „sie liegt in einer Entfernung von beinahe ¾ Stunden von Dumnissus in der Nähe des sogenannten Kauerbaches nach der linken, also der Denssener entgegengesetzten Seite der jetzigen Strasse hin und läuft dann in gerader Richtung, gegen 20 Schritte von derselben entfernt, an ihr entlang, nach Kirchberg, vielleicht an der linken Seite von Dumnissus vorbei, so dass ein Seitenweg in den Ort selber hineingeführt haben mag."

Häuschen in der Mitte der Römerstrasse steht) vorbei, bis zu dem stumpfen Thurm in gerader Richtung."

Ehe wir uns jedoch mit der Betrachtung des stumpfen Thurmes näher befassen, haben wir der alten Strasse bis zu ihrem Ziele zu folgen. Eine Strecke westlich vom stumpfen Thurme durchschneidet sie, südlich von Gonzerath, die jetzt von Birkenfeld nach Bernkastel, also die von der Nahe zur Mosel führende Heerstrasse, geht dann durch die Strontzbuscher Hardt, einem mächtigen bewaldeten Höhenzuge, in der sie hinter dem 2000 F. hohen Ranzenkopfe hinläuft. Bis dahin hat sie fortwährend westliche Richtung; jetzt aber nimmt sie eine etwas nordwestliche an, indem sie von dem Plateau hinabsteigt und sich entweder bei Dhron in das Dhronthal, oder bei Nieder-Emmel (vicus Aemilius) in das Moselthal senkte. Von beiden Orten war es nur noch eine kurze Strecke nach Neumagen, dem alten Noviomagus, wo auch Ausonius auf breiter Heerstrasse von Bingen kommend, das Moselthal erreichte. Von dieser Strasse aber trennte sich im Walde von Elzerath, bei der sog. Heidenpfütze, eine andere, die durch die Gemarkungen von Haag, Gräfendhron, Büdlich und Fell in directer Linie nach Trier zog.

Gegen das Ende des fünfzehnten Jahrhunderts fand der bekannte Dichter Conrad Celtes eine Reisekarte aus der Regierungszeit des römischen Kaisers Theodosius des Grossen, welche dem gelehrten Conrad Peutinger in Augsburg übergeben wurde. Sie erhielt den Namen „Peutingers'che Tafel" und befindet sich jetzt in der kaiserlichen Bibliothek zu Wien. Auf dieser Karte ist auch die Römerstrasse von Mainz nach Trier mit ihren Stationen und deren Entfernungen in gallischen Meilen (zu $^{18}/_{63}$ unserer Stunden) infolgender Weise angegeben: Mogontiaco. Bingio XII (5⅖ Stunden). Dumno (Dumnissus nach Auson) XVI (7⅑ St.). Belginum VIII (3¾ St.). Noviomagus (Neumagen) X (4¹¹/₁₆ St.). Augusta Trev. (Trier) VIII (wahrscheinlich XIII) (3¾ richtiger 6⁸/₃₃ St.). Alle angegebenen Orte sind noch nachweislich vorhanden, nur Belginum fehlt und zwar ungefähr da, wo Ausonius der Tabernen erwähnt. Bei genauerer Betrachtung der Verhältnisse kann dieses Belginum an keiner anderen Stelle gewesen sein als da, wo jetzt der stumpfe Thurm steht und wo, nach der Volkssage einst eine grosse Stadt gestanden haben soll, von welcher vor nicht gar langer Zeit noch mancherlei Ueberreste zu finden waren*).

Bei dem Chausseesteine 7,60 der Heerstrasse von Trier nach Mainz liegt auf der Hochfläche in 1750 F.

---

*) Storck, welcher i. J. 1817 diese Gegend besuchte, sagt in seinen Darstellungen aus dem preussischen Rhein- und Mosellande 1. S. 809: „Nirgends findet man sich auf dem rauhen Hunsrücken von römischer Zeit mehr angewebt, als an dem sogenannten stumpfen Thurm dicht an der Römerstrasse. Auf tausend Schritte um diesen Thurm her, ja noch auf anderthalb Stunden weit jenseits des Thurmes nach Trier zu, finden sich Mauertrümmer, also hat hier eine Stadt gestanden.... Regelmässige Nachgrabungen sind nie gemacht worden.... Doch hat man merkwürdige Reste in Menge da gefunden: römisches Hausgeräthe, Steine mit Inschriften, sehr viele römische Münzen von den Kaisern Trajan, Hadrian, Licin, Constantin und Valentinian. Unter diesen Kaisern scheint der Ort als Militärstation zwischen dem Rheine und der Mosel schnell aufgeblüht, aber auch bald nach ihrem Tode gänzlich von deutschen Völkern zerstört worden zu sein."

a. H., zunächst von Wild- und Schiffelland umgeben, zwischen den Dörfern Weterath und Hinzerath, drei Stunden von Trarbach und eben so weit von Bernkastel, der stumpfe Thurm. Nördlich davon liegt, bis zu geringer Höhe noch ansteigend, das Moselgebirge; im Süden zieht als dunkles Waldgebirge, in der Entfernung von einer bis zwei Stunden, der Idar vorüber, der im Osten mit dem 2295 F. hohen Idarkopfe beginnend, in geringer Steigung bis zu dem 2520 F. hohen Erbskopfe geht, der sich nur als schwache Erhebung des Höhenzuges darstellt. Weiter nach Westen zeigt sich der Hochwald, nur von dem geringen Einschnitte der kleinen Dhron unterbrochen, bis er an dem mächtigen, dunkelbewaldeten Bergkopfe, der hohen Wurzel (2000 F. a. H.) endet. Es zeigen sich deutlich mehrere über den Idar führende Strassen, unter welchen sich die von Morbach nach Kempfeld, oder von Bernkastel nach Fischbach ins Nahethal führende, besonders hervorhebt.

Ganz in der Nähe senkt sich das Plateau nach Süden und Südwesten zu einer schwachen Mulde, in welcher die Dhron ihren Lauf beginnt, und worin das Dorf Hinzerath und weiter abwärts Bischofsdhron sichtbar werden. Das Plateau aber, auf welchem die Strasse hinzieht, hebt sich nur noch wenig bis zu einem mit Fichten bestandenen Bergkopfe und entschwindet weit im Westen den Blicken an dem dunkeln Bergzuge, der Stronzbuscher Hardt.

Der Thurm ist ungefähr 40 F. hoch und hat unten einen Umfang von 64 F. Er ist grob aus dicken Grauwackensteinen erbaut, wie die Gegend sie darbietet, und kaum sind Schichtenlagen der Mauersteine zu erkennen.

DER STUMPFE THURM.

Der stumpfe Thurm.

Nur in Höhen von mehreren Fussen über einander erkennt man das Bestreben, durch Einsetzen grösserer Quarzitblöcke, meist von weisser Farbe, eine gewisse Regelmässigkeit in das Mauerwerk zu bringen, so namentlich an einer Stelle 6 F. über der Basis, wo eine solche weisse Schichte fast einen Ring bildet.

Der Mörtel ist überall zwischen dem Gestein noch sichtbar, aus Kalk und kleinen Steinchen zusammengesetzt, von ungewöhnlicher Festigkeit. Der Kopf des Thurmes ist aus einem Kranze aufrecht gestellter Grauwackenschiefersteine gebildet.

Etwa sechs Fuss über der Basis befindet sich eine grosse Lücke im Mauerwerk, die bis zur Spitze reicht, und durch Einschlagen des Blitzes entstanden sein soll. Hier erkennt man auch die Dicke der Mauer, welche über vier Fuss beträgt. Die Mauersteine sind aussen fast ganz mit der pomeranzengelben Becherflechte überzogen; hier und da wächst ein schmächtiges Exemplar des zusammengedrückten Rispengrases (Poa compressa) und an einer Stelle streckt ein verkrüppelter Stachelbeerstrauch seine dornigen Aeste aus dem Gemäuer hervor.

Ich habe mich vergeblich bemüht, irgend ein Zeichen von anderem alten Mauerwerk aufzufinden, denn der Boden ist durch den Anbau zu sehr durchwühlt; doch sind Forscher in früheren Zeiten glücklicher gewesen.

Namentlich hat Tross in seinen „historisch-geographischen Abhandlungen" zu seiner Uebersetzung und Ausgabe von Ausonius „Mosella" Hamm 1821, S. 199 u. f. vieles Bemerkenswerthe darüber mitgetheilt, wovon hier Einiges einzuschalten mir erlaubt sein möge.

„Lange schon herrschte unter den Anwohnern die Sage, dass hier eine Stadt gewesen und wirklich bestätigte sie sich, als man in der Mitte des vorigen Jahrhunderts anfing, diese mit Haide und Buschwerk bewachsene Gegend urbar zu machen. Man entdeckte nämlich beträchtliche Ruinen, die nun grösstentheils von den Bauern, welche sich Bausteine oder Düngererde suchten, so zerwühlt sind, dass es schwer hält, sich einen vollständigen und richtigen Begriff von der eigentlichen Lage und dem Umfang des Ortes zu machen. Sie erstrecken sich von der Südwestseite des Thurmes in gerader Richtung mehr als tausend Schritte bis über den Weg, der von Hinzerath nach Weterath führt und hier die Ruinen durchschneidet. Vielleicht erstreckten sie sich noch weiter; allein alles ist noch mit Haide und Gebüsch so überzogen, dass man es, ohne bedeutende Nachgrabungen anzustellen, nicht mit Gewissheit bestimmen kann. Jedoch ist der Umfang der jetzt schon sichtbaren Ruinen beträchtlich genug und zeigt hinlänglich, dass hier ein nicht unbeträchtlicher Ort war, obwohl ich nicht annehmen möchte, dass es eine Stadt war. Wahrscheinlich war es, wie näher beleuchtet werden soll, eine Station, über deren Gebrauch und Anordnung auch noch das Nöthigste bemerkt werden wird."

„Zu beiden Seiten der Heerstrasse, die augenscheinlich die Hauptstrasse des Ortes ausmachte und gepflastert war, dehnen sich auch die Ruinen in ziemlich gleicher Entfernung aus, sowohl auf der einen Seite nach Weterath, als auf der anderen nach Hinzerath und zwar soweit, dass ausser dieser Hauptstrasse zu beiden Seiten wenigstens noch eine Gasse gewesen sein kann. Vielleicht auch —

und diess scheint die Lage und jetzige Beschaffenheit zu beweisen, — dass nur quer laufende Nebengassen zu den auf beiden Seiten liegenden Häusern geführt haben."

"Der mehrfach erwähnte Thurm stand wahrscheinlich am Ende der Ostseite und zwar nahe am Thor, wenn man anders annehmen darf, dass ein solches da war. Weiter gegen Osten hin sind wenigstens keine Ruinen mehr zu sehen. Ob er zur Vertheidigung, oder zu sonst etwas bestimmt war, lässt sich nicht mit Gewissheit angeben, obwohl der Ort weil es seine Destimmung erforderte, nicht ohne Befestigung gewesen sein kann. Wenigstens ist von einem dreifachen Walle, der das Ganze umgeben haben mag, nicht weit vom Thurme, und zwar auf der Seite nach Weterath, ein beträchtliches Stück von 130 Schritten sichtbar."

Von diesem Punkte gehen nun auch verschiedene Wege (diverticula) nach benachbarten Orten ab. So finden sich Spuren einer alten Römerstrasse in der Richtung nach Mülheim an der Mosel, einer zweiten in der Richtung nach Morbach, einer dritten zwischen dem stumpfen Thurm und Hochscheid von der Hauptstrasse abgehend, welche über Würrich und Cappel durch Castellaun und über Waldesch nach Coblenz führte.

"Aus alle dem Gesagten ergibt sich nun zur Genüge, sagt Tross weiter, dass der Ort, dessen Reste sich bei dem oft genannten Thurme finden, nicht ohne Bedeutung gewesen sein kann . . . . . Hier müssen nämlich die Tabernen Ausons[*]) gewesen sein und nicht an einem anderen Orte . . ."

---

[*]) Decimus Magnus Ausonius, welcher zu einer hohen Würde in Trier berufen war, zog wahrscheinlich um das

„Dass die Tabernae (des Ausonius) und Belginum (der Reisekarte) nur ein und derselbe Ort seien, möchte wunderbar scheinen, geht aber ganz natürlich zu*).

Jahr 379 von Bingen über den Hunsrück dorthin und bemerkt in dem schönen Gedichte „Mosella", das er später verfasste, über die betreffende Stelle, nachdem er Bingen verlassen:

    „Einsamen Weg betrat ich von hier durch düstere Forsten,
    Nicht die mindeste Spur gewahrend menschlichen Anbaus;
    Kam durch Dumnissus, das trockne, mit lechzenden Fluren,
    Durch Tabernä, bespült von nie versiegender Quell', und
    Durch die Felder, die jüngst Sarmatischen Pflanzern man zuwies."
                                   (Tross.)

*) Herr Pfarrer Heep hat in den Jahrbüchern des Vereins von Alterthumsfreunden in den Rheinlanden Jahrg. 1852 S. 1—26 „Wo lagen die Tabernae und area Sauromatum des Ausonius?" eine andere sehr ansprechende Ansicht aufgestellt, nach welcher die Tabernen und Belginum ganz verschiedene Orte waren. Er begründet seine Ansicht darauf, dass Auson das dürstende Dumnissus (Denssen) den nie versiegenden Quellen der Tabernen gegenüberstellt, und dass der Dichter zuerst der Tabernen und dann der Sauromaten erwähnt. Da aber die Umgebung des stumpfen Thurmes ebenso trocken sei, als Dumnissus, und da die Sarmatischen Colonisten gewiss nicht an solche unfruchtbare Stellen, wie die vom stumpfen Thurme und weiter westwärts angewiesen sein konnten, so sucht Herr Heep die Tabernen anderswo und zwar findet er sie in dem quellenreichen Thale bei Sohren, wo sich in neuerer Zeit auch zahlreiche Reste römischer Gebäude gefunden haben. Ja selbst die Namen der Ortschaften „Sohren, Niedersohren, Sohrschied" leitet der Verf. mit vielem Scharfsinn von den Sauromaten, wie den Namen des dort liegenden Dorfes Costenz von Constantia ab. Ausonius möge des Ortes Belginum nicht erwähnt haben, weil es für ihn ohne Interesse gewesen und er ja keine Beschreibung seiner Reise über den Hundsrück habe geben wollen.

DER STUMPFE THURM.

„Die Römer pflegten an Landstrassen, besonders in rauhen unbewohnten Gegenden, in zweckmässigen Entfernungen Tabernen anzulegen, das heisst eine Anzahl von Häusern, die sie mit Lebensmitteln und allem Nöthigen versahen, um ihren Truppen sowohl als auch den Reisenden einen Ort zum Uebernachten oder Ausruhen zu gewähren. Bei einem solchen Orte mussten sich natürlich nach und nach mehrere Bewohner ansiedeln, weil ihnen die Reisenden manchen Vortheil darboten. War er dann nach und nach so angewachsen, dass er einem Städtchen oder Flecken gleich kam, so ist es nicht zu verwundern, wenn er den von seiner ersten Bestimmung erhaltenen Namen mit einem anderen vertauschte."

„Belginum war der Name unseres Städtchens, den es bei seiner allmähligen Zunahme erhalten hat, wahrscheinlich, weil durch hier der Weg nach Belgica führte*), oder aus einem anderen ähnlichen Grunde. Wenigstens scheinen die Namen Belg, Belgweiler und die vielen auf billig ausgehenden, einen solchen Ursprung zu haben."

Freher hielt Bernkastel (Bergkastel) und Cluverius und Cellarius hielten die eine halbe Stunde von hier im Dhronthale liegende Burg Baldenau für das Belginum der Peutingerschen Karte. Aber Bernkastel liegt ja an der Mosel und Baldenau ist erst von dem trierischen Erzbischof Balduin erbaut. Nach allen Erwägungen kann man Belginum nur am stumpfen Thurme suchen.

---

*) Nach Auson lag ja „Nivomagus" (Neumagen) an der Belgen äusserster Gränze, und es ist sehr wahrscheinlich, dass in der Nähe des stumpfen Thurmes die Gränze des alten Belgiens gewesen ist.

DER STUMPFE THURM.

Eine spätere Entdeckung, von welcher Herr Chassot von Florencourt in seiner Abhandlung „der vicus Belginum am stumpfen Thurm und die Denkmale der Göttin Epona" (Jahrbücher des Vereins von Alterthumsfreunden im Rheinlande, Jahrg. 1843. S. 43—55) berichtet, hat diese Ansicht bis zur vollkommensten Ueberzeugung bewiesen. Es sind dort nämlich bei Kiesausgrabungen im Jahr 1842 (?) ausser römischen Münzen auch zwei römische Inschriftsteine, ungefähr 100 Schritte von dem stumpfen Thurm aufgefunden worden, die das Trierer Museum erhalten hat. Das eine und bedeutendere dieser Monumente besteht in einer Platte von hartem Sandstein von 2 F. 2 Z. Länge, 2 F. 1. Z. Höhe und 5 Zoll Dicke. Dieselbe ist mit einer doppelten Randeinfassung versehen, innerhalb welcher die nachstehende Inschrift mit regelmässigen Schriftzügen eingegraben ist:

    IN. H. D. D. DEA . . . .
    EPONE. VICA . . . .
    I. BELG. P. CV
    RANTE. G. VEL
    ORIO. SACRIL
    LIO. Q.

Die Ausführung dieser Inschrift lautet: In Honorem Domus Divinae Deae Eponae Vicani Belginates Posuerunt, Curante Gajo Velorio Sacrillio, Quaestor. In deutscher Uebersetzung: „Zu Ehren des göttlichen (Kaiser-) Hauses. Der Göttin Epona haben die Einwohner des vicus Belginum dieses Denkmal errichtet. Die Errichtung ist von dem Quästor Gajus Velorius Sacrillius besorgt worden."

Das andere, an gleicher Stätte mit dem vorigen gefundene Monument ist ein pyramidenförmig zulaufender Sandstein von etwa 4 Fuss Höhe, auf dessen einer Seitenfläche die nachstehende — an einigen Stellen nur mühsam zu entziffernde — Inschrift sich zeigt:

  IN. H. D. D.
  DEAE. EPONAE
  IATIVCIVS
  VECTISSUS
  D. D. *)

„Als sicheres Ergebniss dieser epigraphischen Urkunde, sagt Hr. Ch. v. Florencourt, tritt nun zunächst die Bestätigung der Oertlichkeit des in der Peutingerschen Karte aufgeführten Etappenplatzes Belginum hervor, welcher mit dem in der Steinschrift bezeichneten Wohnsitz der Vicani Belginates offenbar identisch ist. Denn an der Identität beider Ortschaften, bei solcher Zusammenstimmung der chartographischen und epigraphischen Bezeichnungen noch ferner zweifeln zu wollen, würde ein zu weit getriebener Scepticismus sein."

„Wir ersehen ferner aus der Inschrift, dass das am stumpfen Thurm belegene Belginum ein geschlossener Vicus und — wie wir nach der Anführung eines besonderen (mit drei Namen ausgestatteten) Gemeinde-Rendanten (Kassirers, Quästors) muthmassen dürfen — zur Zeit der Stiftung des Denkmals nicht ganz unbedeutend war."

„In der That mussten die häufigen Truppenzüge auf

---

*) In Honorem Domus Divinae. Deae Eponae Jatiucius (?) Vectissus Donum Dedit (oder Dono Dedit). (Die Namen des Stifters dieses Votivmals scheinen Gallo-Belgischen Ursprungs zu sein. Ch. v. Fl.)

dieser wichtigen Militärstrasse die Beförderung der kaiserlichen Postanstalt und der Transport von Munition und Proviant für die Besatzungen der Rhein-Festungen (besonders in der zur Benützung der Wasserstrasse nicht geeigneten Jahreszeit — dem auf rauher Bergflur gesiedelten Orte einiges Leben und äussere Erwerbsquellen verleihen; wesshalb es auch wohl erklärlich erscheint, dass die Einwohner Belginum's eben die Göttin Epona *) als besondere Schutzpatronin verehrten."

„Durch die Auffindung der vorbesprochenen Denkmäler ist ein Lichtschimmer über der öden Trümmerstätte am stumpfen Thurm entglänzt . . . Ob aber der feste Thurm, der noch heute über dem Grabe der versunkenen römischen Niederlassung — gleich einer Denksäule — entragt, ein ursprüngliches Vertheidigungswerk derselben — ob er ein fränkischer Bau aus den Zeiten der Merovinger, oder noch jüngeren Ursprungs sei — muss weiterer Forschung zur Entscheidung vorbehalten bleiben."

Ein weiteres Dämmerlicht auf die letzteren Fragen möchten die Namen „Sonnenburg oder Sommerburg", werfen, welche die Bewohner der Umgegend dem interessanten Punkte gegeben. Lassen wir darüber den verdienten

---

*) Die Göttin Epona, als Beschirmerin des gesammten Pferdegeschlechts (die Maulthiere und Esel mit eingeschlossen), genoss eines ausgebreiteten Cultus. Schriftmale derselben sind zu Rom und in Oberitalien, in Vindelicien, Britannien, Helvetien, in dem belgischen Gallien und den rheinischen Gränzgebieten aufgefunden worden. Die Epona gehörte zu den Gottheiten unteren Ranges, und wurde insbesondere von den Fuhrleuten und Maulthiertreibern verehrt; ihr Bildniss (als Sudelgemälde oder Sculptur) thronte in den Ställen.

Forscher L. Tross in seiner obenerwähnten Abhandlung weiter sprechen:

„Kurz vor der Thronbesteigung Theodosius des Grossen kam eine Abtheilung Franken unter der Anführung des **Macomir** und **Sunno** oder **Sonno** über den Rhein. Aber die beiden römischen Generale Nannien und Quintin, denen Maximus die Vertheidigung Galliens aufgetragen hatte, zogen diesem Haufen von Trier aus entgegen, und schlugen ihn, einen vollständigen Sieg erringend, zurück. Hierüber erbittert, kamen sie nach einiger Zeit zurück und setzten sich im Gebiet der Trevirer fest. Nach alle diesem wird es höchst wahrscheinlich, dass Sonno sich an unserem Orte niedergelassen und dieser den Namen Sonnenburg erhalten hat, was so viel heisse als: **Sonno's Burg.** Bekanntlich ist Burg ein Name, der erst mit den Franken aufkam, die ihre Städte und Castelle so benannten." *)

„In den nun immer zunehmenden Einfällen barbarischer Völker, schliesst Tross seine Abhandlung, die besonders im Trierischen, das in kurzer Zeit fünf Verheerungen erleiden musste, furchtbar wütheten, ging unser Ort völlig unter. Dass er durch Feuer verzehrt wurde, zeigen die Nachgrabungen in den Ruinen von allen Seiten unbestreitbar. Selbst ganz verkohlte Balken haben in der Erde sich erhalten. Das schnelle Versinken mag wohl die Ursache sein, dass der deutsche Name in den Jahrbüchern

---

*) Der verdiente Prof. E. **Böcking** in Bonn spricht sich zwar ganz entschieden gegen diese letztere Erklärung (s. die Noten zu seiner Uebersetzung der Mosella des Ausonius) aus; ich wollte jedoch dieselbe hier nicht ganz vorenthalten.

der Geschichte nicht aufbewahrt worden. Auch der römische Name wird, ausser bei Auson (und höchst wahrscheinlich auch nicht! D. V.) und auf der Peutingerschen Charte, nirgends gefunden und nur schwache Trümmer haben hier das Andenken der Weltbezwinger erhalten." *)

Wildenburg.

1.

Mehr als 1000 F. über das zu ihren Füssen liegende Idarthal und gegen 600 F. über das auf ihrer Nordseite sich ausbreitende Idarplateau, hebt sich die Wildenburg aus dunklem Walde empor, die Firste mit aufstrebenden Fichten gekrönt. Ein mächtiger Quarzitblock streckt sich aus der Höhe hinauf, von allen Seiten deutlich erkennbar, und gibt dem ganzen Berge, von Westen gesehen, eine auffallende groteske Form, während er, von allen anderen Seiten betrachtet, sich nicht bedeutend über den Rücken erhebt, zu dem er gehört. Der Berg, ehemals Schadeberg geheissen, ist ein Theil des obengenannten (S. 6) Herrsteiner Bergzuges, der ausser der in der Mitte liegenden Wildenburg, noch eine Ostkuppe, die Mörscheider Haar, und eine Westkuppe, den Sand-

---

*) Ueber den stumpfen Thurm haben geschrieben:
Röhde, Rector zu Trarbach, 1782, 1784; Storck 1818, Hetzrodt 1821,
Tross 1821,
Back 1841, Chassot von Florencourt 1843,
Steininger 1845, Böcking, Freudenberg und Heep.

kopf, besitzt, woran sich die aus mächtigen Quarzitlagern aufgethürmte Schanze über dem Katzenloch anschliesst. Von ferne, besonders aus Nordosten her gesehen, gewährt dieser dreigipfelige Rücken eine sehr imposante Ansicht.

Die Höhe ist leicht zu ersteigen, besonders von dem freundlichen Dorfe Kempfeld aus, das auf dem Idarplateau liegend, von der Fischbach-Bernkasteler Heerstrasse durchschnitten wird, die von der Nahebahnstation Fischbach ausgehend, zwei kleine Meilen entfernt liegt. In einer halben Stunde kann man von Kempfeld aus die Spitze erreichen. Wer aber von dem unvergleichlich schön gelegenen Oberstein aus die Wildenburg besuchen will, der kann zwei verschiedene Wege einschlagen. Man geht entweder bis Idar (985 F.) auf der Heerstrasse und verlässt dann dieselbe auf gutem Fahrwege bergan schreitend, unweit der birkenfeldischen Dörfer Vollmersbach (1218 F.), Veitsroth (1495 F.) und Herborn (1530,4 F.) vorbei, und gelangt in zwei Stunden auf den Bergrücken, auf dem die Kuppe der Wildenburg sich erhebt. Der dritte Weg ist der interessanteste. Man geht von Idar auf der Heerstrasse das Idarthal aufwärts, durch die Dörfer Hettstein und Obertiefenbach, fortwährend die hoch emporragende, dunkelbewaldete Kuppe der Wildenburg im Auge und tritt am Katzenloch zwischen das mächtige Steingetrümmer, das der Durchbruch des Idarthales verursachte, — eine überaus wilde Partie! — Nachdem man diesen Engpass durchschritten, wendet man sich rechts, ersteigt das Plateau und erreicht in einer halben Stunde Kempfeld. Die Länge des Weges von Oberstein bis Kempfeld beträgt zwei kleine Meilen.

Das Försterhaus unmittelbar am Fusse des Gipfels hat 2071, die Bergspitze 2174 F. a. H.

Von der mächtigen Burg sind nur wenige, kaum erkennbare Trümmer übrig geblieben. Auf der Südwestseite liegt ein bescheidenes Gebäude aus neuerer Zeit, das Försterhaus, ehemals Amthaus, mit einem Garten und einer Rosskastanienallee. Von da steigt man zwischen verfallenen Mauern, dann auf den in das Gestein gehauenen Stufen, zu dem erwähnten Quarzitblock hinauf. Auf diesem luftigen Punkte, der so recht wie eine Thurmspitze in die Lüfte hinaufragt, eröffnet sich ein höchst ausgezeichneter Ueberblick der ausgebreiteten Landschaft.

Der Blick schweift nach Süden weithin über das weite Bergland der Pfalz, das auf die mannichfachste Weise sich gruppirt. Zunächst im Süden zeigen sich die Berge des Nahethals, durch den tiefen Einschnitt in das Plateau und seine mäandrischen Krümmungen erkennbar. Dunkel erhebt sich im Südwesten die kegelförmige Kuppe des Schaumbergs bei Tholey und im Südosten ragt über alle Berge der langgezogene Rücken des Donnersbergs empor, hinter welchem, fast nebelgrau, der Odenwald herüberblickt. Auch der Lemberg bei Sobernheim und der Rothenfels bei Kreuznach sind sichtbar. Zahlreiche Ortschaften beleben das Gehänge nach dem Nahethal hin; ganz vortrefflich und überraschend aber ist der Blick auf das zu unsern Füssen liegende Idarthal mit den Dörfern Obertiefenbach und Hettstein und den zahlreichen Achatschleifereien zwischen grüne Wiesen gelagert.

Wenden wir uns nach Norden, so zeigt sich plötzlich in ganz anderes Bild. Die reizendste Landschaft liegt ganz nahe gerückt vor unseren Augen. Es ist das Idarplateau mit allen seinen freundlichen Ortschaften von Hüttgeswasen bis Sulzbach. Da liegt ganz zu unseren Füssen Kempfeld, dem nach Westen sich Bruchweiler, Sensweiler, Langweiler, Wirschweiler und Allenbach anschliessen; östlich von Kempfeld treten die Dörfer Schauern, Asbach, Hellertshausen, Hottenbach und Sulzbach hervor. Uns gegenüber aber liegt, zunächst in der Entfernung einer starken halben Meile, der hohe Idarwald mit dem Idarkopf, den zwei Steinen, dem Steingerüttelkopf, dem Ehrekopf, dem sich nach Westen der eigentliche Hochwald anschliesst, aus welchem der Erbskopf mit seiner Umgebung, dunkel bewaldet, hervorschaut. Nach Osten verliert sich der Blick in weiter duftiger Ferne auf dem Plateau des Hunsrücks, aus welchem sich Kirchberg ganz stattlich, mit mehreren anliegenden Dörfern und Kirchspitzen, hervorhebt.

Gehen wir von dem Quarzitblock hinweg und winden wir uns in dem östlich gelegenen Gebüsch, zwischen Sträuchern und einem Meer von Steinblöcken hindurch, so gelangen wir an mächtige Quarzitwände, zwischen denen wir, hinaustretend, die schroffe, deutlich geschichteten Abhänge überblicken, und wo uns die Aussicht nach Norden wieder so klar vor Augen tritt. Weiter im Walde auftretende Reihen von Gesteinmassen lassen auf eine künstliche Aufhäufung zu einem Ringe schliessen; eben so möchte man von einigen Wasserpflanzen, welche in einer kleinen Rundung im Fels vorkommen, eine ehemalige Cisterne erkennen.

WILDENBURG.

2.

Stehen wir hier oben und schauen weit in das Land hinaus, so gedenken wir gerne des mannhaften Geschlechtes der Wild- und Rheingrafen, welche diese Burg, die höchstgelegene des Hunsrücks, erbaute und deren Herrschaft sich von alten Zeiten her über einen bedeutenden Theil der umliegenden Landschaft ausbreitete.

Ja, es war ein mannhaftes, tapferes Geschlecht und immer auf dem Plan. Kampf um eigenes oder fremdes Interesse war seine Lieblingsbeschäftigung und heller Schwerterklang seine liebste Melodie, wenn es auch so teufelswild nicht war, wie es G. A. Bürger in dem „wilden Jäger" schilderte:

> Der Wild- und Rheingraf stiess in's Horn:
> „Halloh, halloh, zu Fuss und Ross!"
> Sein Hengst erhob sich wiehernd vorn;
> Laut rasselnd stürzt' ihm nach der Tross;
> Laut klifft' und klafft' es, frei vom Koppel,
> Durch Korn und Dorn, durch Haid' und Stoppel.
>
> Und lauter stiess der Graf in's Horn,
> Und rascher flog's zu Fuss und Ross;
> Und sieh! bald hinten und bald vorn
> Stürzt' einer todt dahin vom Tross.
> „Lass stürzen! Lass zur Hölle stürzen!
> Das darf nicht Fürstenlust verwürzen."
>
> Das Wild duckt sich in's Aehrenfeld
> Und hofft da sichern Aufenthalt.
> Sieh da! Ein armer Landmann stellt
> Sich dar in kläglicher Gestalt.
> „Erbarmen, lieber Herr, Erbarmen!
> Verschont den sauern Schweiss des Armen!"
>
> „Hinweg, du Hund!" schnaubt fürchterlich
> Der Graf den armen Pflüger an,
> „Sonst hetz' ich selbst, beim Teufel, dich!
> Halloh, Gesellen, drauf und dran!
> Zum Zeichen, dass ich wahr geschworen,
> Knallt ihm die Peitsche um die Ohren!"

WILDENBURG.

> Gesagt, gethan! Der Wildgraf schwang
> Sich über'n Hagen rasch voran,
> Und hinterher, bei Knall und Klang,
> Der Tross mit Hund und Ross und Mann;
> Und Hund und Mann und Ross zerstampfte
> Die Halmen, dass der Acker dampfte.

Die Wildgrafen stammen von den alten Grafen des Nahegaues ab, von welchen Emich I. in den Jahren 961 und 966 genannt wird*). Diesem Gaugrafen folgen noch drei andere, etwas unsichere, gleichen Namens, bis endlich 1086 bis 1113 Emich V. als Nahegaugraf von Kirburg und Schmitburg erscheint. Dessen Söhne Emich VI. und Gerlach, theilen die väterlichen Besitzungen, so dass jener Kirburg, Schmitburg, Altenbaumberg und Flonheim erhielt, während der letztere Graf von Veldenz wurde. Im Jahr 1140 theilten die Söhne Emich's VI. die Nahegaugrafschaft und der ältere, Konrad erhielt Kirburg, Dhaun, Schmitburg, Grumbach, Flonheim und ward Stifter der Wildgrafen, während dem jüngeren Emich die väterlichen Besitzungen an der Alsenz und dem Appelbache mit Altenbaumberg, Rurenberg und Stolzenberg zu Theil wurden, von dem die Raugrafen herstammen. (Comes sylvestris, Comes hirsutus).

Der Enkel des Wildgrafen Konrads I., Konrad II., theilte vor seinem Tode um 1263 die Wildgrafschaft unter seine beiden Söhne: Emich erhielt Kirburg und Schmitburg und starb um 1280, und Gottfried bekam Dhaun und starb 1301.

---

*) Man sehe das treffliche Werk: „Geschichte des Wild- und Rheingräflichen Hauses, Volkes und Landes auf dem Hunsrücken. Von C. Schneider. Kreuznach, Verlag von R. Voigtländer. 1854."

WILDENBURG.

1280 theilten die Söhne des Wildgrafen Emich: Konrad III. wurde Wildgraf von Schmitburg und Gottfried, mit dem schlimmen Beinamen „Raub" wurde Wildgraf von Kirburg. Der von Schmitburg aber glaubte bei der Theilung übervortheilt zu sein, so dass ein heftiger Streit entbrannte, der unter Konrads Sohn Heinrich zu Thätlichkeiten ausartete, jedoch endlich beigelegt wurde. Als aber einmal dem Wildgrafen Heinrich, der einen unbesiegbaren Widerwillen gegen Katzen besass, der Sage nach, auf Kirburg eine Katze in den Stiefel gesteckt wurde, da entbrannte in seiner Brust von Neuem ein glühender Hass.

Obgleich in den Familiengesetzen der Wildgrafen die feste Bestimmung herrschte, dass keine Veräusserungen einzelner Theile der gesammten Wildgrafschaft zulässig seien, so trug doch der kinderlose Heinrich von Schmitburg im Jahr 1324 sein Schloss Schmitburg mit Allem was dazu gehörte dem Erzbischof Balduin von Trier als Erb- und Eigenthum auf, und dieser säumte nicht, für seine Kirche die schöne Besitzung anzunehmen. Dadurch entbrannten aber drei sehr heftige Fehden des wildgräflichen Hauses gegen den mächtigen und kriegerischen Erzbischof, die von beiden Seiten mit ungeheueren Anstrengungen geführt wurden. So errichtete der Wildgraf von Dhaun um 1340 zum Schutze seiner Burg Dhaun die Vesten Bodenburg und Brunkenstein, während der Erzbischof mit seinen Verbündeten, um die Burg Dhaun mehr in die Enge zu treiben und die Zufuhr von Proviant zu verhindern, die Burgen Martinstein, St. Johannisberg und die Geierslei erbauen liess.

Endlich aber sahen sich die Wildgrafen 1342 zum

Frieden gezwungen: die in dem wilden Hahnenbachthale auf einem steilen Felsenvorsprung liegende Schmitburg musste er dem Erzbischof für alle Zeiten abtreten und mehrere andere Burgen, wie auch die Wildenburg, als trierische Lehen anerkennen.

Bald nach dem Schluss dieser verderblichen Fehde nahm der Wildgraf Johann von Dhaun seinen Neffen, den Rheingrafen Johann II. in die Gütergemeinschaft auf und als im J. 1350 der erstere starb, trat der letztere (1350 bis 1388) in den Mitbesitz ein und erneuerte so das wildgräfliche Haus, das in seinem ersten Stamme mit dem Wildgrafen Otto von Kirburg, 1409, gänzlich erlosch. Kirburg fiel nun auch an die Rheingrafen, da Johann III. (st. 1428) die Erbtochter von Kirburg zur Gemahlin besass.

Das neue wild- und rheingräfliche Geschlecht, fast noch mannhafter und fehdelustiger als das erloschene, erwarb sich später durch glückliche Heirathen auch noch bedeutende Besitzungen. Johann V. (st. 1495) erheirathete mit der Gräfin Johanna von Salm 1475 die Herrschaften Salm, Mörchingen, Püttlingen und Rotselar, und dessen Sohn Johann VI. (st. 1499) mit der Gräfin Johanna von Saarwerden die freien Herrschaften Dimringen, Finstingen und Ogewiller, die fortan bei dem rheingräflichen Hause verblieben.

Es begannen nun bald wieder Familienzwiste und neue Theilungen. 1520 zerfiel das wild- und rheingräfliche Haus in die Linien Dhaun und Kirburg und später die Linie Dhaun in Salm, Grumbach mit Rheingrafenstein und Dhaun, sowie die Linie Kirburg in Kirburg und Mörchingen.

Allen weiteren Familienstreitigkeiten und wiederholten Theilungen zu folgen, kann hier unsere Aufgabe nicht sein; mehr interessirt es uns zu sehen, wie tapfer die Wild- und Rheingrafen sich in den vielfältigen Kriegen des sechszehnten und siebenzehnten Jahrhunderts herumtummelten, besonders nachdem das Geschlecht sich um 1550 zur Reformation bekannt hatte. Nach dem auch für diese Gegenden so furchtbaren dreissigjährigen Kriege sahen sich manche Rheingrafen aus Mangel an Einkünften gezwungen, in fremde Dienste zu treten.

So kämpften die Rheingrafen Johann Philipp von Dhaun (st. 1566) und sein Neffe Johann Philipp der Jüngere, der 1569 im Treffen von Montcontour fiel, für die Könige von Frankreich, theils gegen den deutschen Kaiser, theils, obgleich selbst evangelisch, gegen die Hugenotten.

Um die Zeit des dreissigjährigen Krieges traten bedeutende Spaltungen in der rheingräflichen Familie ein. Auf der Seite des Kaisers und der katholischen Parthei stand der Rheingraf von Salm, Philipp Otto (st. 1634), den der Kaiser Ferdinand II. 1623 in den Fürstenstand erhob und der Rheingraf Karl Florentin (st. 1676), der die flandrische Linie von Salm stiftete und zu der katholischen Kirche übertrat, besonders durch seine Vermählung mit der Gräfin von Hogstraten dazu veranlasst. Karl Theodor Otto, Fürst von Salm, starb 1710 als kaiserlicher General-Feldmarschall und Obrister über ein Regiment zu Fuss.

Die Wild- und Rheingrafen des Hunsrücks standen dagegen offen oder mehr zurückhaltend auf der evangelischen Seite. Namentlich war es der Rheingraf Otto Ludwig, der zweite Sohn des Rheingrafen Johann IX. von Mörchingen, welcher nicht allein unter Dänemarks Fahnen gegen den Kaiser kämpfte, sondern auch, als Gustav Adolph in den Krieg eintrat, einer der ersten und bedeutendsten Heerführer der Schweden wurde und besonders zur Eroberung des Rheinlandes ungemein thätig war. Bald nach der für die Schweden so unglücklichen Schlacht von Nördlingen starb Otto Ludwig 7. Oct. 1634 zu Speier.

Eben so kämpfte der Rheingraf Johann Philipp, Otto Ludwigs älterer Bruder, schon 1623 unter den Fahnen Christians von Braunschweig, später im schwedischen Heere und folgte dem Herzog Bernhard von Weimar nach dem Oberrhein, wo er in der Schlacht von Rheinfelden, 1638, muthig kämpfend sein Leben verlor. Auch der Rheingraf Otto von Kirburg, Otto Ludwigs Oheim, kämpfte, wenn auch mit geringem Erfolge, für die evangelische Sache und starb 1637.

Als tapferer Krieger erschien später der Rheingraf Johann Ludwig von Dhaun, der 1668 den Ungarn gegen die Türken und 1692, als General-Wachtmeister, dem kriegerischen Fürstbischofe von Münster bedeutende Dienste leistete.

Die Wild- und Rheingrafschaft hatte aber nicht allein auf die entsetzlichste Weise im dreissigjährigen Kriege gelitten; die Raubkriege Ludwigs XVI. führten, von 1672 an, fast noch grösseres Unheil herbei.

Im achtzehnten Jahrhundert scheint die Thatenlust der Wild- und Rheingrafen erloschen: es wird Keiner dieses Geschlechts mit besonderer Auszeichnung in den kriegführenden Heeren genannt, obgleich der Rheingraf Karl August von Grumbach als Reichsfeldmarschalllieutenant und Commandant von Philippsburg starb und dessen Bruder, Johann Friedrich, in dem Aufstand der Holländer gegen den Prinzen von Oranien 1787 sehr thätig war.

Das Haus Dhaun erlosch plötzlich 1750; das Haus der Rheingrafen von Grehweiler endete, nachdem der letzte, Karl Magnus, noch eine tolle, verschwenderische Wirthschaft getrieben und fast vier Jahre im Schuldgefängnisse zugebracht, 1782. Die Kirburgische Linie von Mörchingen war schon 1688 mit Johann X., dem Sohne Otto Ludwigs, zu Grabe getragen worden.

In Folge dieser Ereignisse fanden neue Theilungen statt und bei dem Ausbruche des Revolutionssturmes bestanden noch drei Linien, die Fürsten von Salm-Salm und von Salm-Kirburg und die Rheingrafen von Grumbach. Der Fürst Friedrich von Salm-Kirburg wurde 1794, in den letzten Tagen Robespierre's, als Verschwörer gegen die Republik, zu Paris hingerichtet; sein Urenkel lebt in preussischen Kriegsdiensten. Die Rheingrafen von Grumbach wurden 1817 von der Krone Preussen in Westphalen entschädigt und bilden jetzt das fürstliche Haus Salm-Horstmar.

3.

Wenden wir unsere Blicke aber der Wildenburg selbst wieder zu, der, wie Allem, was der Erdboden trägt, das Schicksal „aufblühen — Staub werden!" zu Theil wurde. Sie gehört zu den wenigen Burgen, deren Entstehungszeit wir fast bis auf das Jahr kennen.

Wir haben oben (S. 56) gesehen, das wegen Uebergabe der Schmitburg an den Erzbischof Baldewin von Trier, zwischen diesem und dem Wildgrafen Friedrich von Kirburg, wie überhaupt mit dem ganzen wildgräflichen Hause, eine heftige Fehde entbrannte, die mit kleinen Unterbrechungen von 1325 bis 1342 dauerte, und mehrmals geschlichtet, immer heftiger wieder aufloderte.

Die erste Fehde endete 1330. Da die Wildgrafen von Dhaun einen Separatfrieden geschlossen hatten, so sah der nun allein stehende Friedrich von Kirburg sich zu einer sehr harten Sühne gezwungen, in welcher er nicht allein auf die Schmitburg Verzicht leisten, sondern auch das von ihm selbst erbaute Schloss Wildenburg dem Erzbisthum Trier zu Lehen auftragen musste. Friedrich von Kirburg hatte die Burg erst kurz vorher auf dem von ihm erkauften Schadeberg bei Kempfeld errichtet. Wie tief auch dieser Verlust den Wildgrafen schmerzte, geht aus einer Urkunde vom Jahre 1351 hervor, in welcher er sagt: „Auch ist zu wissen, dass wir — er, seine Hausfrau Agnes und sein ältester Sohn Konrad — den Burgberg, darauf wir Wildenburg die Veste gebaut han, vmb vnser Gelt vor eigen kauften, und wurden wir gedrengt, dass wir dieselbe Veste mussten Lehen machen."

Im Jahr 1346 verheerte der Wildgraf Friedrich von der Wildenburg aus das erzstiftische Gebiet und wurde desshalb vor ein Manngericht nach Trier geladen. Da er aber der Ladung nicht Folge leistete, so wurde er durch die Mannen des Erzstifts der Wildenburg verlustig erklärt. Der Erzbischof Balduin bemächtigte sich sofort der Burg und gab sie einstweilen seinem Burgmann auf Schmitburg, dem Ritter Niklas von Kellenbach, in Verwahrung. Erst im Jahr 1353 wurde die Burg dem Wildgrafen Gerhard,

Friedrichs Sohn, zurückgegeben, jedoch mit dem ausdrücklichen Vorbehalt, dass sie dem Erzbischof unverzüglich wieder zugestellt werden müsse, wenn Gehard seinen Vater nicht vor Pfingsten dazu bewegen könne, die alten Lehenbriefe über Wildenburg zu erneuern. Die nämliche Verpflichtung musste Gerhard auch in Betreff seines Bruders Otto übernehmen, der damals von seinem Vater gefangen gehalten wurde.

Im Jahr 1357 eröffnete Friedrich von Kirburg mehrere seiner Schlösser, namentlich auch Wildenburg, dem Pfalzgrafen Ruprecht.

Die Wildgrafen Friedrich und Otto erhielten 1403 von dem Kaiser Ruprecht die Berechtigung, in ihr von 1346 erbautes Schloss Wildenburg und das darunter liegende Thal zu Bürgern aufzunehmen, „fürbass ewiglichen allerlei Leute, sie seyn edel oder nit, Bürger oder Geburc (Bauern), von wannen sie kommen, oder wohin sie gesessen wären, insofern sie hobelich, festhaftig und wahrhaftig zu Wildenburg sitzen und häuslich daselbst wohnen wollen."*) Aus der Stadt Wildenburg ist jedoch nie Etwas geworden.

Auf das Schloss Wildenburg wurde die Gemahlin des Wild- und Rheingrafen Johann IV., Else von Hanau, 1422 bewitthumt; da sie aber lange vor ihrem Gemahle

---

*) Kremer in seiner Geschichte des wild- und rheingräflichen Hauses nennt den einen Wildgrafen, neben Otto, Gerhard, Back in seinem Werke „Ravengirsburg" nennt ihn Friedrich: ich finde in den Stammtafeln in dem erwähnten Werke von Schneider um diese Zeit neben Otto nur einen Friedrich, der auch nicht alt geworden zu sein scheint.

starb, sie 1446, er 1476, so ist von dieser Bestimmung nie Gebrauch gemacht worden.

Dass das Schloss Wildenburg öfters Residenz seiner Besitzer gewesen sei, ist nirgends erwähnt, nur wird von Johann Casimir von Kirburg (st. 1637) gesagt, dass er sich im dreissigjährigen Kriege genöthigt gesehen habe, sich von dem Schlosse Wildenburg nach Vinstingen zurückzuziehen.

Die Wildenburg kam bei allen Theilungen jedesmal an die kirburgische Linie und wurde in der Folge der Sitz eines selbständigen Amtes. Bei einer Theilung im Jahr 1701 kam sie jedoch an die Linie Rheingrafenstein.

Wann und wie die Wildenburg zerstört wurde, darüber liegen mir keine Nachrichten vor. Wahrscheinlich ist sie zerfallen und sind die brauchbaren Steine zu Bauten in den benachbarten Dörfern benutzt worden.

4.

Das Amt Wildenburg bestand aus den Dörfern Veitsroth, Kirschweiler, Bruchweiler, Schauern, Kempfeld, Asbach, Oberhosenbach, Breidentheil, Sonnscheid, Sensweiler und dem untergegangenen Baalshausen. Um 1700 gab es an Schatzung, Brod und Zins 764 Gulden, an Korn und Hafer 408 Malter.

Bei einer der letzten Theilungen der Wild- und Rheingrafschaft, nach dem Aussterben des Hauses Dhaun, 1750, erhielt die Linie Rheingrafenstein die Hälfte an den Aemtern Wildenburg und Dhronecken, Grumbach drei Achtel und Salm-Salm ein Achtel.

Der letzte wildgräfliche Amtmann auf Wildenburg war Ruppenthal, der Vater des gefeierten rheinischen Juristen, Chefs der rheinischen Abtheilung im Justiz-Ministerium.

Dhronecken.

1.

Wie, wenn wir die Strassen und Umgebungen Triers durchwandern, wir uns ganz von Erinnerungen an die Römerzeit ergriffen fühlen; wie uns in Aachen das Andenken Karls des Grossen überall entgegentritt: so können wir uns auf dem Hochwalde auch nicht den lebhaftesten Anklängen aus dem Nibelungenliede entziehen. Da liegen in dem Thale der kleinen Dhron die Trümmer von Dhronecken mit ihrem alten grauen Thurme: wer sollte da nicht an den grimmen Hagen von Dhroneck denken? Dort liegen zwischen ungeheuren Felsen die Ruinen von Hunoltstein: tritt uns da nicht im Geiste lebhaft der Kampfgefährte Hagens, der tapfere Hunolt entgegen?

„Hagen von Tronje musste der Schaarmeister sein.
... Auch Sindolt und der kühne Hunolt ritt mit ihnen."

Und selbst der Name des in der Nähe liegenden Dorfes Haag führt uns wieder auf jenen gewaltigen Recken zurück.

Selbst die Volkssage unterstützt unsere Anschauungen. Da findet sich nördlich von Hermeskeil nach Dhronecken hin ein kleiner Bach, der in den Dorrenbach mündet, auf den Charten „Hahnenborn" genannt: er soll aber, wie man sagt, eigentlich Hagensborn heissen und hier soll der Ritter Hagen einen König erschlagen haben. Da liegt auf der Südseite des Erbskopfes der kleine Weiler Tranenweiher, wo auch ein König erschlagen wurde und wo dessen Gemahlin einen ganzen Strom von Thränen geweint hat.

DHRONECKEN.

Es kann sich kein aufmerksamer Wanderer in dieser Gegend solchen Anschauungen entziehen, von denen überwältigt, der zu wenig bekannte Ernst Floris *) bei dem Dhronbache singt:

„Zu den höchsten Waldgehegen
Streckt er seines Ursprungs Röhren;
In die Tief, auf kecken Wegen,
Sprang er, ohne sich zu stören.

Nebel trank er auf den Bergen
Unter tausendjähr'gen Eichen,
Oft besucht von heiss'gen Zwergen,
Die ihr rothes Gold hier bleichen.

Und wer sah je solche Recken
Wie er, in der Vorzeit Tagen,
Da auf seinem Schloss Dhronecken
Haus'te stolz der grimme Hagen!

Oft noch mit dem morschen Thurme
Schwatzt er da von alten Zeiten,
Wenn im mitternächt'gen Sturme
Durch die Luft die Geister reiten.

Wenn ich nicht irre, so ist es Ad. Storck gewesen, der in seinen „Darstellungen aus dem preussischen Rhein- und Mosellande" **) zuerst auf dieses „Vaterland der Nibelungen-aufmerksam gemacht hat. Es ist zwar mehrfach dieser Ansicht widersprochen worden; wenn aber das prachtvolle Gedicht, der Stolz unserer Literatur, eine historische Grundlage hat, und die fehlt ihm doch sicher nicht, so kann doch nichts sicherer sein, als dass Hagen und Hunolt hier zu Hause waren, so gut, als Herr Ortewin zu Metz, der edle Volker der Fiedler zu Alzei (das ja eine Fiedel

---

*) „Sagen und Lieder vom Rhein und von der Mosel. Von Ernst Floris. Coblenz. 1843. J. Hölscher." Für Freunde der Natur sehr empfehlenswerth.

**) 2 Bde. Essen u. Duisburg. Bädeker. 1818. Das Werk enthält viele schöne, wenn auch manchmal sehr flüchtige, Bilder.

im Wappen hat) und ebenso gut, als König Gunther mit den Seinen zu Worms.

Wenn nun im Nibelungenliede der Odenwald als die Gegend bezeichnet wird, wo Hagen den Siegfried erschlagen, so klingt die genaue und moderne Bezeichnung (Ges. XVI, v. 1031) in dem herrlichen Liede eigentlich etwas zu fremdartig. Dagegen wird die Jagd (Ges. XV, v. 936) in den Wasgauwald verlegt, und der ist doch unbedingt nur auf dem linken Rheinufer zu suchen. Nun heisst aber auf alten Charten, auch z. B. auf der Peutingerschen Charte, das ganze Waldgebirge der linken Rheinseite, den Hochwald mit eingeschlossen, „silva vosagus."

Wenn entgegnet wird, dass Dhronecken und Hunoltstein zu entfernt von Worms gelegen, als dass Hagen und Hunolt sich beständig am Hofe aufgehalten haben sollten, so findet sich darin doch ebenso wenig ein Hinderniss, als die Entfernung von Metz für Ortewin. Und wie übermässig weit war es denn vom Hochwalde nach Worms für einen guten Reiter? Haben denn die Ritter von der Tafelrunde und Karls des Grossen auch alle in der Nähe ihrer Königshöfe ihre Schlösser gehabt?

Ueberzeugende Beweise lassen sich freilich nicht beibringen: wo sind aber die überzeugenden Beweise für eine andere Ansicht?

Und so halten wir gern an dem Glauben fest, dass wir uns zu Dhronecken in dem alten Bereiche des grimmen Hagen befinden und freuen uns dessen um so mehr, wenn wir in dem modernen Wohnhause zwischen den alten Trümmern gastliche Aufnahme finden und Bequemlichkeiten, die der alte Recke nie gekannt hat.

DHRONECKEN.

Zu Dhronecken sass ich im Saale
Und trank den braunen Kaffee;
Dann legt' ich zum Schlummer mich nieder
Auf weichem Kanapee.

Zu Dhronecken sass ich im Garten
Und trank den kühlen Wein;
Es glühten und blühten die Röslein
Im Abendsonnenschein.

Halloh, du grimmer Hagen,
Mach dich von den Banden los,
Die dich gefesselt halten!
Ich bin in deinem Schloss!

Ich glaube, dass hier du gelebet,
Du hier auch geliebet hast.
Steh' auf, aus deinem Grabe!
Ich bin ja auch dein Gast!

Da tritt heran ein Recke
Mit lichtem, krausem Bart,
Trägt grüne Waldmannskleidung,
Ein Mann von deutscher Art.

Der spricht: Lass ruhen die Todten,
Hier steh' ich an ihrer Statt;
Bin Herr in seinem Schlosse,
Hier iss und trinke satt!

Glaubst du, dass hier er gehauset,
So halte dich daran;
Das Gegentheil beweiset
Dir nicht der gelehrteste Mann!

2.

An einem schönen Herbstmorgen wanderte ich auf der Strasse von Hermeskeil nach Norden. Der Herbstwind strich nach heissen Sommertagen, erfrischend über die gelben Stoppelfelder, und die weite Gebirgslandschaft mit ihren dunkel bewaldeten Bergrücken und ihren tiefen, mannigfaltig gekrümmten Thaleinschnitten breitete sich vor mir aus.

Ich schritt durch das ansehnliche Dorf Malborn. Dann senkte sich der Weg sanft hinab in das Thal der kleinen Dhron.

DHRONECKEN.

Tief unten liegt zwischen fast kahlen Bergen, Dhronecken am Ausgange der Thalfanger Thalschlucht. Der Ort ist von geringer Häuserzahl. An der Strasse nach Thalfang liegt ein ansehnliches, ehemals herrschaftliches Gebäude, und gegenüber erheben sich auf einem Felsenecke die grauen Trümmer der alten Burg, in welche die Oberförsterei hinein gebaut ist, mit einem grauen, runden Thurme. Auf mehreren Abstufungen liegt der kleine Burggarten. Ueber die Dhron führt eine steinerne Brücke. Auf der Thalsohle steht ein Fels hervor, auf welchem sich der viereckte Gemeindethurm erhebt. Zwei kurze Reihen von Wohnhäusern ziehen das Thal hinab und einige Hütten mit einer Mühle liegen noch thalaufwärts. Die Dhron schlängelt sich durch schöne grüne Wiesen und eine Reihe von Pyramidenpappeln umkränzt die Landstrasse.

Die niedrigen Berggehänge sind nur schwach bewaldet; oben ist Ackerland. Die Ansicht des Thales ist einfach und freundlich, aber in keiner Weise grossartig oder pittoresk. Am östlichen Ende des Thales erhebt sich der dunkel bewaldete Fuchsstein, der unmittelbar dem höchsten Zuge des Hochwaldes angehört, in welchem eine kleine Meile von Dhronecken die kleine Dhron, beinahe auf der Kammhöhe aus einem klaren Brünnchen von drei Fuss Tiefe, entspringt.

Auf den Höhen um Dhronecken liegen mehrere Dörfer fast auf der Bergkante: Hillscheid im Osten, Malborn im Süden, Geisfeld im Südwesten, Burtscheid im Nordwesten und gerade im Norden liegt der ansehnliche Ort Thalfang in einer Mulde des Plateaus.

Gehen wir näher an die Burg heran, so tritt uns, wenn wir den gewölbten Gang durchschritten, vor Allem der alte Thurm entgegen, ein getreues, wenn auch verkleinertes Abbild des stumpfen Thurmes. Er hat ganz die grobe Bauart desselben aus Quarzitblöcken, auch in gewissen Höhen mit einem Bande von abweichendem Gestein, er hat ganz denselben Mörtel mit kleinen Steinchen vermischt und ist von sehr grosser Festigkeit, wie es auch die übrigen noch wenig mehr sichtbaren Mauern sind.

Das moderne, zwischen den Trümmern liegende Haus, die jetzige Oberförsterei, war das ehemalige Amthaus. In dem kleinen Garten daneben gedeihen mancherlei feinere Gewächse und Spalierobst. Der Stamm einer Mahalebkirsche hat zehn Zoll im Umfange. Mancherlei Culturversuche mit ausländischen Holzarten sind an dem felsigen Berghange gemacht und besonders gut gedeiht die Schwarzkiefer (Pinus nigricans).

Wo jetzt die schönen Wiesen auf der Thalsohle üppig grünen, lagen einst drei Fischteiche.

So ist das Bild Dhroneckens, ganz das Gegentheil der Wildenburg. Diese grossartig auf hoher Bergkuppe weit in das Land hinschauend; Dhronecken beschränkt auf niedrigem Felsenhügel im engen Thale.

3.

Dhronecken war, wie die Wildenburg, ein wildgräfliches Besitzthum, tritt aber, nicht wie jene, deutlich zu bestimmter Zeit in die Geschichte dieses Hauses ein.

„Historisch bestimmt ist zum ersten Male am Ende des dreizehnten Jahrhunderts die Rede von den Dhronecker

Besitzungen, die den Wildgrafen zugefallen waren. Um diesen Anfall erklären zu können, behaupten Einige, es habe eine besondere Linie von Wildgrafen von Dhronecken gegeben, die um 1280 ausgestorben sei. Obgleich keine Bestätigung dieser Erklärung in den alten Archiven der Wild- und Rheingrafschaft gefunden werden konnte, so ist es doch gewiss, dass Dhronecker Besitzungen im wildgräflichen Hause vorkommen, die den zwei älteren Stämmen zugetheilt waren. Die Veste Dhronecken und die Mark Thalfang mit etwa zwölf Dörfern waren ein Lehen von Luxemburg. Im Jahr 1346 wird aber das Haus Kirburg angewiesen, die Dhronecker Besitzungen künftighin vom Erzstifte Trier zu empfangen und Wildgraf Otto hat Lehenreverse darüber aufgestellt." (S. Schneider Geschichte etc.)

Schloss und Herrschaft Dhronecken waren stets ein Appertinenzstück der Wildgrafschaft Kirburg, wie schon aus einer Urkunde von 1309 hervorgeht.

Als Otto, der dritte Sohn des Wildgrafen Friedrich von Kirburg sich mit seinem Vater, wegen des Wittums seiner Gemahlin nicht einigen konnte, kam es zu einer offenen Fehde zwischen Vater und Sohn, 1353, bis endlich der erstere der Schwiegertochter das Verlangte auf Dhronecken und die Mark Thalfang aussetzto.

Später wurde Dhronecken in den Familientheilungen fast immer den jüngsten Söhnen zugetheilt, die, wenn auch verheirathet, doch nie eine besondere, eine längere Zeit dauernde Dhronecker Linie bildeten; höchstens könnte man die Ottonische als eine solche bezeichnen, die nach dem Tode Otto's von Kirburg, 1607, neben den Linien

DHRONECKEN.

von Kirburg und Mörchingen entstand; aber von Otto's (gest. 1637) Söhnen, hinterliess nur Georg Friedrich (st. 1681) Nachkommenschaft und zwar weibliche, so dass mit dessen Tode Dhronecken wieder an das Haus Kirburg zurückfiel.

In einer Fehde der Wildgrafen mit dem Erzbischof Werner von Trier im Jahr 1403, belagerte letzterer Dhronecken; aber eine heftige Ueberschwemmung nöthigte ihn, die Belagerung aufzuheben. Es wurden jedoch die Wildgrafen dahin gebracht, die Burg als trierisches Lehen anzuerkennen.

Bald darauf gerieth das wildgräfliche Haus in eine Fehde mit den Herren von Dune und Oberstein, worin die letzteren in die Mark Thalfang einfielen und die armen Bewohner beraubten, misshandelten und zur Flucht in die Wälder nöthigten.

Bei einer Theilung der Kirburgischen Besitzungen im Jahr 1495 begnügte sich der jüngere Bruder Jacob mit Dhronecken und einer Rente von 600 Gulden, während er dem älteren Bruder Johann VI. die Grafschaft überliess. Da der letztere frühe starb und die Mutter für sieben unmündige Kinder zu sorgen hatte, wodurch manchmal die Auszahlung der Entschädigungssumme nicht regelmässig erfolgte, traf der Rheingraf Jacob Anstalten, Dhronecken für 12000 Gulden zu verkaufen. Es gelang aber doch der Witwe, Johanna von Saarwerden, durch ein kaiserliches Mandat den Verkauf zu verhindern.

Bei dem Anfang des dreissigjährigen Krieges, 1620, besetzte Spinola Dhronecken mit einer starken spanischen Besatzung.

DHRONECKEN.

Auch Dhronecken wurde, wie Wildenburg im dreissigjährigen Kriege, den Wildgrafen, wegen ihrer Thätigkeit für die evangelische Sache, entrissen, aber später restituirt.

Bei der Theilung von 1701 kam Dhronecken an Grumbach und endlich, bei der letzten Theilung, zur Hälfte an Rheingrafenstein, zu drei Achteln an Grumbach und ein Achtel kam an Salm-Salm.

Zur Herrschaft (dem späteren Amt) Dhronecken gehörten die Ortschaften Dhronecken, Thalfang (Hauptort der Mark Thalfang), Liederscheit, Lützenburg, Talling, Probstroth, Gilleroth, Egenroth, Immeroth, Rohroth, Deisselbach, Bösch, Ililscheid, Burtscheid. Die Einnahme belief sich 1704 auf 547 Thaler und 478 Malter Roggen, Waizen und Hafer.

III.

Sagen und Erzählungen,

meist aus dem Munde des Volkes.

Kindestreue.

Hoch ragt auf dem Hochwald der Erbskopf empor,
Sein Haupt ist mit Wolken umhüllet;
Es heulen die Stürme ein schauerlich' Chor,
Mit Schnee sind die Wege erfüllet.
    O dass ihr dem Walde nicht naht!

Zwei Frauen durchwandern den finstern Wald,
Sie eilen, der Abend sinkt nieder.
O Mutter, nun grüssen den Vater wir bald,
Sehn wir in der Heimath uns wieder.
    Wie wird der Vater sich freu'n!

Und sie eilen sehr und es tobet der Sturm,
Sie suchen verlorene Stege.
O Mutter, noch seh' ich vom Dorf nicht den Thurm,
Wir haben verloren die Wege!
    Ach Tochter, mich frieret so sehr!

Lieb' Mütterchen hier, bind' das Tuch dir noch um,
Ich kann es ja leicht noch entbehren.
Lieb' Mütterchen sprich, o sei nicht so stumm,
Wir müssen uns eilen und wehren!
    O Tochter, mich frieret so sehr!

O komm doch, lieb Mütterchen, komm doch geschwind!
Ich führe dich, eile, o eile!
Ich kann nicht, wie müde! erstarret sind
Die Hände, die Füsse, verweile!
    Ach, ach, wie friert mich so sehr!

Die Mutter sinkt hin und die Tochter weint laut
Und die Mutter deckt sie mit dem Kleide.
Sie umschlinget sie heiss, wie der Bräut'gam die Braut,
Doch bewegt von entsetzlichem Leide.
 O Mutter, wie bist du so starr!

Und das Mädchen schreit in den finstern Wald:
Lieb' Vater, o hilf deinem Kinde!
Der Mutter hilf! und — ein Schuss erknallt.
O rettet, rettet geschwinde!
 O kommt und eilet und helft!

Lieb' Töchterchen, bist du's, im Walde allein?
Gieb Stimme! Ich komme, verweile!
Lieb' Vater, im Wald liegt die Mutter mein,
O eile, geschwinde, o eile!
 Starr liegt die Mutter im Schnee!

Lieb' Töchterchen sage, wie kommst du daher
Und bist so leicht nur bekleidet?
Lieb' Vater, o frage, o frage nicht mehr,
Weisst nicht, was Mütterchen leidet!
 Starr liegt sie im Dornenbruch!

So täuschte, so irrte mein Ahnen nicht,
Ich hatte nicht Ruhe im Hause.
Sie suchen vergebens. Kein Sternenlicht
Hilft ihnen beim Sturmesgebrause.
 Still ruhet die Mutter im Wald.

Da trägt der Mann in den Armen das Kind
Nach Hause in wärmende Betten.
Dann eilt' er mit den Nachbarn geschwind
Da draussen die Mutter zu retten.
 Sie fanden am Morgen sie todt!

  Nach einer wahren Begebenheit, die sich am 3. Januar 1862 bei
Tranenweiher ereignete. Das siebzehnjährige Mädchen bedeckte fast
mit ihren sämmtlichen Kleidern die erstarrte Mutter; es erfroren ihr
aber auch Finger und Zehenspitzen.

Der erlöste Geist.

Ein Hochwaldmann vom Felde ging,
Als schon die Damm'rung ihn umfing.

Er kam an einem Kreuzweg an.
Da stand ein fremder alter Mann.

Der Fremde schwieg und blieb in Ruh;
Der Waldmann aber schrie ihm zu:

Was stehst du da? was machst du hier?
Und gehst nicht aus dem Weg vor mir?

Er hob die kräft'ge Hand, pardauz!
Schlug ins Genick dem fremden Kauz.

Der drehte dreimal sich herum
Und war urplötzlich nicht mehr stumm.

Hab' Dank, sprach er, du guter Mann,
Dass du mir solches angethan.

Von einer Missethat gar schwer,
Geh' ich viel hundert Jahr daher.

Schon dreimal wuchs der Hochwald auf
Und dreimal sprossten Saaten drauf.

Ich bin erlös't von aller Pein!
Du sollst auch ohne Dank nicht sein.

Und wo der fremde Mann verschwand
Ein Beutel schwer voll Golde stand.

Der Mann trug seinen Schatz nach Haus
Und rief mit grosser Freude aus:

Gottlob, das war ein guter Schlag,
Gern gäb' ich solchen jeden Tag!

SAGEN UND ERZÄHLUNGEN.

Der glückliche Traum.
Hochwaldsage.

Zu Rinzenberg ein armer Mann
Sein Brod nicht mehr verdienen kann.
Die Sorgen drücken ihn gar schwer,
Am Abend drücken sie ihn mehr.
    Doch find't er noch sein Glück
    Zu Coblenz auf der Brück'.

Die Nacht deckt ihre Schatten aus,
Sie decket auch sein armes Haus.
Er ruht auf Stroh. Ein Nachtgesicht
Tritt vor den Schlummernden und spricht:
    Zu Coblenz auf der Brück',
    Da findest du dein Glück!

Er denkt: ein Traum ist nur ein Schaum!
Doch dreimal kommt derselbe Traum.
Er spricht davon mit seiner Frau.
Die sagt: mach dich doch auf und schau!
    Vielleicht liegt doch dein Glück
    Zu Coblenz auf der Brück'.

Nun fasst er Muth und macht sich auf,
Eilt vom Gebirg' in raschem Lauf;
Kaum iss't er auf dem Weg sich satt.
Da liegt die Rhein- und Moselstadt!
    Da sieht er auch die Brück',
    Wo liegen soll sein Glück.

Zur Moselbrücke eilt er gleich,
Die ist an vielen Jahren reich.
Er sucht und sucht und findet nicht
Das was er sucht und spricht und spricht:
    Zu Coblenz auf der Brück',
    Soll finden ich mein Glück!

Er sucht den ganzen ersten Tag,
Er sucht den zweiten Tag darnach;

Er wendet jedes Steinchen um,
Doch wird es gar nicht besser d'rum.
    Wie sucht er doch sein Glück
    Zu Coblenz auf der Brück'!

Als nun der dritte Tag sich neigt
Und immer noch kein Glück sich zeigt,
Da ruft' er voll Verdruss ganz laut:
Ich Esel, der auf Träume baut'!
    Der Teufel hol' die Brück'
    Und hole all' ihr Glück!

Da tritt ein ernster Mann heran
Und sieht ihn sehr bedenklich an:
Ihr seid wohl des Verstands beraubt
Dass ihr so fest an Träume glaubt!
    Wo lieget denn das Glück
    Zu Coblenz auf der Brück'?

Wenn ich an Träume glaubte fest
So suchte ich das kleine Nest,
Das Rinzenberg, das Niemand kennt,
Und das dreimal der Traum mir nennt.
    Merkt Ihr, dass auf der Brück'
    Er findet noch sein Glück?

Was soll zu Rinzenberg denn sein?
So fragt er. Ja, ein alter Schrein
In einem Brunnen alt und tief,
Darin ein Schatz Jahrhundert schlief.
    Ich glaub', der find't sein Glück
    Zu Coblenz auf der Brück'.

Kaum hört er noch den letzten Ton,
Er auf und wie der Blitz davon.
Wie lief er das Gebirg hinauf
Nach Rinzenberg im schnellsten Lauf!
    Lag wirklich denn sein Glück
    Zu Coblenz auf der Brück'?

Am Abend, als ein Jeder schlief,
Da stieg er in den Brunnen tief.
Da fand er eine Kiste schwer,
Die war mit Gold gefüllt gar sehr.
So fand er auf der Brück'
Zu Coblenz doch sein Glück!

Die Sage von den Hunnen im Hochwalde.

Vor vielen hundert Jahren kam ein mächtiges Volk auf den Hochwald, das waren die Huhnen. Sie zerstörten die Städte, die sie vorfanden und bauten neue. Eine grosse Stadt, die im Tranthale nahe bei Berfink und am Einschieder Hof lag, zerstörten sie gänzlich und die war so gross gewesen, dass täglich zwei und siebenzig Weissbäcker nöthig waren, um all das Weissbrod zu beschaffen, das verzehrt wurde. Die Gegend wo die Kirche dieser grossen Stadt gestanden, heisst heutigen Tages noch das Kirchstück.

Die Huhnen hatten auch Eisenhütten: das zerfallene Werk an der Räderbach wurde von ihnen erbaut, selbst die Eisenhütte von Abentheur soll ihre erste Entstehung von ihnen herleiten. Sie hatten auch Steinringe, aber keine so grossen, als den von Otzenhausen am Ringberg.

Als ihr König starb, begruben sie ihn in der Tran. Sie leiteten den Bach ab, machten ein tiefes Grab und versenkten den König da hinein mit allen seinen Schätzen. Dann leiteten sie den Bach wieder darüber hin. Das goldene Diadem ist einst wieder gefunden worden. Wann die Huhnen weggekommen sind, das weiss kein Mensch.

Ihr Name hat sich aber noch hier und da erhalten, wie z. B. in der Bezeichnung des Huhnengutes zu Heinzenbach u. A.

Die Sage von der verwünschten Prinzessin.

Zwei starke Stunden nordwestlich von Birkenfeld liegt in dem südlichen Zuge des Hochwaldes, in einer Höhe von fast 2000 F., eine liebliche Bergrunde, bedeckt mit üppigem Wiesengrün und von herrlichen Wäldern umgeben. Benachbarte Gemeinden besitzen hier ihre Weideplätze und mehrere solide Ställe dienen zur Aufnahme der Heerden bei schlechtem Wetter. Diese Waldstelle heisst der Stäbel und nahe dabei liegt der Vierkessel, worin einst ein Nonnenkloster stand. Hoch über Stäbel und Vierkessel hebt sich eine imposante Quarzfelsmasse, das Vorkastel, von dem der Bergzug steil in das Tranthal bei Berfink abfällt. In den gewaltigen Felsenmassen, welche um Vorkastel zerstreut liegen, wollen die Umwohner noch die Reste einer mächtigen Burg erkennen, die einst hier gestanden habe und durch ein unbekanntes Ereigniss zerstört worden ist. Aber noch sind die Gewölbe der Burg vorhanden, wenn nur Jemand den Eingang finden könnte: denn in den Gewölben liegen noch sehr grosse Schätze; auch liegt sehr viel Wein darin, aber in seiner eigenen Haut, weil die Fässer längst von Alter gefault und abgesprungen sind.

Wirtgen, Hochwald.

In einem Gewölbe steht noch eine sehr schöne Kutsche mit einer goldenen Deichsel, so nahe am Ausgange, dass ein Hahn sie herausziehen könnte. Und in der Kutsche sitzt die schönste Prinzessin von der Welt und schläft harrend ihrer Erlösung. Wer die Prinzessin mit ihren Schätzen erlösen könnte!

Wer sie aber erlösen will, der muss durch einen engen Gang in das Gewölbe kriechen und da hängt ein grosser, schwerer Mühlstein an einem seidenen Faden und ein gräulicher Riese steht dabei, im Begriff den Faden zu durchschneiden, wenn man drunter herkriechen will. Schon mancher Sterbliche ist von Geistern an die Stelle geführt worden, um sie und die Prinzessin zu erlösen und es ist ihm auch fest versprochen worden, dass ihm an seinem Leben keine Unbill geschehen solle. Wer aber den Schrecken gesehen hat, ist sogleich umgekehrt und konnte durch Nichts bewegt werden, das Wagestück auszuführen.

Von den ehemaligen Klöstern im Hochwalde.

Als das Christenthum im Hochwalde sich ausbreitete, da entstanden dort auch viele Klöster. So das Salwiner Kloster zwischen Berfink und Tranenweiher, von welchem noch viele Schätze in einem tiefen Brunnen vergraben liegen. Im Ramsthal lag das Kloster Ramstein. Auf dem Dollberg war ein Mönchs- und im Vierkessel, nahe dem Stäbel, lag ein Nonnenkloster.

Der Hochwald war so voll von Mönchen, dass noch

jetzt der breite Weg, welcher vom Idarkopfe aus über den Kamm des Hochwaldes bis gegen Trier hin läuft, die Pfaffenstrasse genannt wird.

Aber ihr Leben war nicht, wie es seln sollte und sie trieben vielen Unfug. Die Mönche auf dem Dollberge machten sich sogar eine Brücke von Leder hoch über das Thal der Trau, um die Nonnen im Vierkessel zu besuchen.

Die Klöster wurden später zerstört; aber in den übrig gebliebenen Gewölben liegen noch viele Schätze vergraben, die nur derjenige heben kann, den die umher wandelnden verdammten Seelen, die sich zuweilen den Sterblichen zeigen, dazu auffordern. Sie treten nächtlich an die Menschen heran, bitten sie, sie zu erlösen und versprechen Ihnen die verborgenen Schätze, dürfen jedoch die Gefahren nicht verschweigen, die sie bedrohen.

Wenn dann die Sterblichen sich nicht dazu bereit zeigen, verschwinden sie seufzend und klagen, dass wieder Jahrhunderte lang die Qualen ihrer harren. So trat einst ein Geist vor einen Müller am Etzberge und verlangte Erlösung von ihm. Als dieser sich weigerte, sprach der Geist: dann muss ich wieder warten, bis die Eichel, die oben im Walde fällt, zu einem grossen Baum geworden, und derjenige wieder zum Mann erwachsen ist, der in einer Wiege lag, die aus den Brettern dieses Baumes gemacht wurde!

Die Sage von den französischen Ansiedlern im Hochwalde.

Es war ein König in Frankreich, der war sehr despotisch gegen seine Unterthanen und behandelte sie wegen ihrer Religion sehr hart. Da verliessen Viele ihr Vaterland und zogen nach Deutschland. Bei Manchen aber reichte das Geld zur Weiterreise nicht aus und so liessen sie sich im Hochwalde, entfernt von den übrigen Dörfern nieder, erbauten sich Hütten von grossen Holzscheitern und verdichteten die Zwischenräume mit Moos. So lebten sie viele Jahre ungestört im Hochwalde, erhielten Kinder und Kindeskinder und nährten sich von Holzfällen, von Kohlenbrennen, von Schnitzen und anderer Beschäftigung.

Endlich aber glaubte die Obrigkeit, dass sie die Gegend unsicher machten und befahl, sie sollten in Dörfern und Weilern zusammen wohnen. Einige liessen sich nun an dem grossen Weiher nieder, aus welchem die Tran fliesst und nannten den Ort Tranenweiher; Andere traten in dem Walddistricte zusammen, der von der Pervinca ganz überzogen ist und davon gewöhnlich Berfink heisst und so benannten sie auch ihren Ort, den man jetzt noch fälschlich die Bierfink oder Boerfink nennt. Noch Andere liessen sich in dem muldenförmigen Thale am Hengstbache nieder und nannten den Ort in der Muhl. Holzarbeiter, Hüttenarbeiter und andere fremde Leute kamen dazu und so vergrösserten sich die Ortschaften; aber noch sind viele Familien mit französischen Namen in denselben und machen einen grossen Theil der Bevölkerung aus. Von den ersten Ansiedlern haben sich auch noch manche Bezeichnungen der Gegend erhalten, wie der Caspars Bruch nahe am Erbskopf, wo man noch die Trümmer der Hütte sieht, in welcher Caspar gewohnt, der Hansadams Buhr, der nicht weit von der Idarquelle entspringt, und Schacks und Jäckels Hüttenplatz.

Am Ruppelstein wohnten noch bis in die späteren Zeiten solche Leute; da sie aber nur Ziegen besassen und diese von den Wölfen zerrissen wurden, so zogen sie auch nach der Berfink.

So wurde der Hochwald von fleissigen Ausländern bevölkert.

Der grosse Herrgott von Rapperath.

Eine halbe Stunde unterhalb Morbach liegt im Dhronthale das grosse und wohlhabende Dorf Rapperath. Die Berge haben zwar hier noch sanfte Gehänge, aber es tritt auch hier der erste mächtige Quarzitgang dem Bache entgegen, der den weissen Quarz bis auf die Sohle durchbrochen, dass sich in grotesken Massen ein Felsenriff von der einen Seite in das Thal hinabsenkt und jenseits wieder aufsteigt.

Am unteren Ausgange des Dorfes steht ein ziemlich grosses, roh aufgebautes Heiligenhäuschen, in welchem der in der ganzen Umgegend und weiter bekannte grosse Herrgott hängt, von mancherlei Zierrathen umgeben. Es ist diess ein Crucifix von etwas mehr als gewöhnlicher Grösse und dabei von grosser Hässlichkeit. Das Kreuz und der Körper des Herrn, ersteres blau, letzteres fleischfarben angestrichen, mit vielen grossen Blutflecken, sind aus einem Stück Holz geschnitzt.

Das Crucifix hat noch das Ungewöhnliche, dass die bekannte Ueberschrift J. N. R. J. nicht auf dem Kreuze, sondern auf einem Querbalken des Dachstuhles vor dem Bilde steht.

Die Volkssage erzählt, diess Crucifix habe ehemals in dem über zwei Stunden entfernten Dorfe Wirschweiler in der Kirche seine Stelle gehabt; als aber die Landesfürsten, das pfälzische Haus, sich der Reformation zugewendet und die Unterthanen diesem Uebertritt gefolgt wurden überall die Crucifixe aus den Kirchen geworfen und diesem „grossen Herrgott" sei dasselbe geschehen. Nachdem es eine Zeitlang vor der Kirchthüre gelegen, kam ein Bauer aus Rapperath, band das Crucifix seiner Kuh an den Schwanz und schleifte es so über den Idar. An der erwähnten Stelle wurde es aufgerichtet und später eine Kapelle darüber gebaut. Es wird auch von einigen Wundern erzählt, die hier vorgekommen.

Wie einmal ein Förster zu Wildenburg den Teufel Tabak rauchen liess.

Es geschah vor vielen Jahren, dass ein Förster durch den grossen Wildenburger Forst ging. Er trug die geladene Flinte auf der Achsel und ein mächtiger Dampf ging von ihm auf, denn er rauchte seinen Tabak aus einem grossen Pfeifenkopfe mit einer langen Röhre.

Da gesellte sich plötzlich ein verdächtig aussehender Mann zu ihm in einem Mantel mit einem feuerrothen Gesichte und einem Klumpfusse. Den Förster überlief es mit einer Gänsehaut, doch gab er herzhaft Antwort, als der Fremde ihn fragte, was er da mache? er rauche Tabak. Da den Fremden die Lust anwandelte, auch einmal den Tabak zu probiren, gab ihm der Förster den Lauf der Flinte in den Mund, ihn ermahnend, tüchtig zu ziehen, griff dann aber schnell nach dem Schloss und drückte los. „Donnerwetter, sagte der Fremde und spuckte die Kugel aus, was rauchst du für starken Tabak!" Damit verschwand der Fremde: aber der zurückgebliebene deutliche Geruch von Pech und Schwefel überzeugte den Förster, dass es eine vergebliche Mühe sei, den Teufel todtschiessen zu wollen.

IV.
Schilderungen.

Aussichten.

Im Allgemeinen hat der Hochwald mehr Fernsichten, als liebliche landschaftliche Ansichten.

Die Fernsichten bieten keine bedeutenden Verschiedenheiten dar. Sie geben von den Höhenpunkten und dem Nordabhange des mittleren Zuges, wo sie nicht durch Wald beschränkt sind, einen Ueberblick des Moselplateaus, der mäandrischen Krümmungen des Moselthals, ohne dass man den Fluss selbst sehen könnte, und auf die meisten und höchsten Basaltkegel und erloschenen Vulkane der Eifel bis zur Hochacht hin — einen Ausblick von grosser Mannichfaltigkeit, wenn diese merkwürdigen Kegel nicht zu häufig mit Duft umlagert wären. An schönen Herbsttagen, wo die Luft gewöhnlich am klarsten ist, wird aber der Duft noch bedeutend vermehrt durch das Schiffeln an der Mosel, wodurch oft grosse Rauchwolken in die Höhe steigen.

Sehr beschränkt ist die Aussicht von dem höchsten Punkte des Hochwaldes, dem Erbskopf, durch den Wald, der das ganze Haupt bedeckt. Nur an einer Stelle blickt man über das Moselplateau, über die Thalfanger Mark, übersieht die Thalkrümmungen beider Dhronbäche und schaut weit über Trier hinaus, bis zu den Ardennen hin.

Schade, dass der frühere Plan, hier einen Aussichtsthurm zu erbauen, nicht zur Ausführung gekommen ist! Die Ausgrabungen für das Fundament des Thurmes und eine Parthie noch vorhandener Mauersteine zeugen von dem guten Willen. Der Punkt war gut gewählt.

Ersteigt man von Morbach aus den Idar bis zu einer Höhe von 2000 Fuss, so entfaltet sich ein überaus interessantes Panorama. In der Tiefe liegt das Thal der östlichen Dhron mit Hinzerath, nahe dabei der stumpfe Thurm, Huntheim, Wingerath und Morbach und hoch darüber die dunkelbewaldete Stronzbuscher Hardt. Daneben ziehen sich die niedrigeren Höhen der rechten Moselseite und dahinter ein langer Rücken der Vordereifel. Weiter nach Norden zeigen sich am Horizonte die Kegel der Hocheifel, die Hochacht, die Nürburg, der Hochkelberg, der Errensberg, der Scharteberg und was sich bei Daun daran reiht. Nach Westen übersieht man das tiefe Thal der westlichen Dhron und mehrere Bergrücken über Thalfang hinaus bis nach Trier hin.

Eine prachtvolle Aussicht, sowohl auf liebliche Thalbildungen in der Nähe, so wie auf die südlichen Bergzüge des Hochwaldes und Hunsrücks, zwischen deren Einschnitten die fernen Pfälzer Gebirge am Horizont hervortreten, ergibt sich von dem 2400 F. hohen flachen Gipfel an „den zwei Steinen" über der Fischbachquelle.

Das grösste und schönste Panorama aber erschliesst sich von dem Idarkopfe aus, vor dem der ganze östliche Hunsrück mit allen seinen Höhenzügen und Ortschaften, wie eine Landkarte ausgebreitet liegt und von wo der Blick sich endlich auf den fernen Taunus verliert.

Wenn man von Hermeskeil nach Züsch geht und oberhalb dieses Dorfes aus dem Wald tritt, wird das Auge überrascht von einer lieblichen Ansicht. Uns gegenüber liegt der lange, dunkelbewaldete Dollberg mit dem Ringberge schliessend, dem sich der Kahlenberg, das Primsthal verdeckend, anschliesst. Der untere, sanfte Abhang des Dollberges ist mit Feldern und grünen Wiesen bedeckt und von den Häuserreihen von Züscherhütten, Neuhütten, Schmelzhütten belebt. Vor uns am westlichen Abhang liegt Züsch mit zwei Häusergruppen, die sich um die beiden Kirschen drängen, von zahlreichen Bäumen, worunter auch hoch emporragende Fichten, umgeben.

Auf dem südlichen Zuge des Hochwaldes thut sich ein Blick auf ein unendlich getheiltes Bergland auf, wie es sich am deutlichsten von der Wildenburg zeigt. Von besonderem Interesse ist der Ausblick von Hütgeswasen. Hier, von Wald umgeben und von dem mittleren und südlichen Hochwaldzuge umschlossen, ist nur nach Osten die Aussicht offen. Aber man überschaut das ganze Idarplateau mit allen seinen Dörfern bis nach Sulzbach und der Kirchthurm von Argenthal ragt wie eine feine Nadelspitze am östlichen Horizonte hervor. Der Thalabhang nach dem eine Stunde von Hütgeswasen entfernten Allenbach, gleicht einer Alp: eine ausgedehnte smaragdgrüne Wiesenfläche von Vieh belebt, von Gebüschen unterbrochen, von dem Schwarzwasserbach durchrieselt und auf beiden Seiten von Hochwald umschlossen.

Der Steinring bei Otzenhausen.

Der Dollberg, durch das tief eingeschnittene Tran-thal von den östlicher gelegenen Zügen des Hochwaldes getrennt und im Westen nur durch einen schmalen Rücken zwischen der Muhl und Züsch mit den nordwestlichen Theilen des Hochwaldes zusammen hängend, bildet die letzte bedeutende südliche Erhebung des Gebirgs.

Bei dem Einfluss des von der Muhl kommenden Hengstbaches in die Tran steigt er von der 1681 F. hohen Thalsohle von Berfink steil bis zu 2214 F. an, während der Bachspiegel unmittelbar an seinem Ostfusse 1565 F. Höhe besitzt. Mit einem Hauptgrate von Quarzit zieht der Berg zwei Stunden lang südwestlich, im Nordwesten von dem Thale des Hengstbaches, im Südwesten von dem Thale des Königsbaches begrenzt. Von der Ostseite des Dollbergs fliessen nach der Tran der Bleidenbach und der Achtelsbach, nach der Söter, die selbst auf einem der höchsten Punkte des Dollbergs, bei 2200 F. Höhe entspringt, der Eisbach und der Krippelbach.

Da wo der Weg von Abentheur nach dem Dorfe Züsch (die Züsch) über den Grat führt, hat er 2098 F., erhebt sich dann sogleich südlich wieder bis zu 2214 F. und behält dann fast eine Stunde lang die Höhe von ca. 2200 F. Der Hang nach Westen fällt ziemlich steil ab, ist aber auf das anmuthigste belebt, von den Weilern Zinserhütten (Züscherhütten), Neuhütten und Schmelzhütten, deren Häuschen, meist weiss angestrichen, von Feldern und

Wiesen umgeben, in langer Reihe sich ausdehnen. Hoch darüber erhebt sich der dunkle Wald.

Auf dem südlichen plötzlich schroff abfallenden Ende des Dollbergs liegt der Ring, der berühmteste und grösste unter allen Steinringen des Rheinlandes. Der Ringberg hat 1884 F. a. H., während man das an seinem Fusse liegenden Dorf-Otzenhausen zu 1400 F. Höhe schätzen kann. Das eine halbe Stunde entfernte Dorf Nonnweiler im Primsthale, wohin sich die Strasse nur in sanftem Gefälle neigt, hat 1105 F.

Der Ringberg fällt mit schroffen Felsmassen in das der Formation des Rothliegenden angehörige Hügelland nach Süden ab.

Der Steinring von Otzenhausen ist eins der merkwürdigsten Monumente des Alterthums in unserer Gegend und unzweifelhaft ein Vertheidigungswerk gewesen. Aber zu welcher Zeit und von welchem Volke? das wird wohl nimmer erklärt werden, obgleich man nach mancherlei Mittheilungen aus Cäsars Krieg mit den Galliern und Germanen entnehmen kann, dass die damaligen Bewohner der unterjochten Länder solche Zufluchtsstätten bei Kriegsgefahren besassen.

„Steinringe oder Ringwälle", sagt der gründliche Kenner trierischer Alterthümer, Hr. Schneemann in Trier (s. Jahresbericht der Gesellschaft für nützliche Forschungen, Jahrg. 1852, S. 9 und 10), von verschiedenem Umfange, verschiedener Höhe und Breite, mit und ohne vorliegenden Graben, trifft man an auf den Höhen der Eifel und des Hochwaldes, theils, wie es scheint, in Verbindung mit anderen weitläufigen Vertheidigungslinien, theils auf einzelnen, abgesonderten Gebirgskuppen, in schwer nachweisbaren Zusammenhang unter sich. Ihr Ursprung liegt im tiefsten Dunkel und der besonnene Forscher sieht sich auch hier, wie bei so Vielem, was uns aus fernen, fernen Zeiten überkommen ist, auf ein nicht unbegründetes Meinen und Vermuthen angewiesen. Bedenkt man nun einerseits, dass die römischen Standlager, Kastelle und Vorschanzen, wie sie sich noch in spärlichen Resten dies- und jenseits des Rheines vorfinden, von ganz anderer Art, von ganz verschiedener Anlage sind; erwägt man hingegen andererseits, dass die festen Plätze (oppida) der Britannier, nach Cäsar und Strabo (IV. p. 200) in des Waldes Dickicht versteckt, kreisförmig und mit Wall und Graben umzogen waren; dass Cäsar, wie Caumont das schlagend nachweist, in Gallien, zwischen oppidum — festem Zufluchtsort und oppidum — fester Stadt nicht unterscheidet, dass daher, je nach der natürlichen Beschaffenheit der Gegend, die ersteren oppida bald befestigte Verhaue, bald mit meistens zur Hand liegenden Stämmen befestigte Berghöhen sein mussten; zieht man endlich in Betracht, dass an der andern Rheinseite im Taunus und anderwärts in Deutschland ganz ähnliche, von der dortigen germanischen Bevölkerung einst aufgethürmte Ringwälle liegen, so möchte man nicht geneigt sein, die Steinkreise für Römerwerke anzusprechen, sondern man wird sie insgesammt, selbst diejenigen, die als längst anerkannt feste Punkte später von den Römern in ihre Vertheidigungslinien aufgenommen wurden, den den Britanniern stamm- und sittenverwandten, dem germanischen Nachbarvolke in vielen Gebräuchen ähnlichen, ursprünglich Einheimischen zuzuschreiben kein Bedenken tragen. Diesen waren sie, oder doch die meisten, auf kurze Zeit (Strabo a. a. O.) Zufluchtsstätten für sich selbst, für Weib und Kind, für Hab und Gut, sei es in den immerwährenden, blutigen Fehden der Stämme unter sich, sei es zum Schutze gegen den andringenden Römer, sei es zur Abwehr gegen die germanischen Völker. Damit soll aber keineswegs in Abrede gestellt werden, dass nicht hier, wie an der anderen Rheinseite, die eine oder die andere der vorgefundenen Befestigungen zu gleichem Zwecke von den Römern auch benutzt worden wäre."

Bis zum Jahre 1852 waren elf solcher Steinringe, neun auf dem Hochwalde und zwei in der Eifel bekannt, später sind noch mehrere andere aufgefunden worden.

„Ob diese Steinringe, fährt Herr Schneemann fort, alle als Rettungsorte zu betrachten sind, ob nicht einige von ihnen, namentlich die kleineren und die gänzlich wasserarmen eine andere Bestimmung hatten, vielleicht heilige, mit zusammenhängenden Steinwällen, statt, wie in Gallien, mit aufrecht stehenden Steinen umzogene Druidenkreise waren, darüber sind und bleiben wir wohl für immer in Ungewissheit. — Zu dem einen oder anderen dieser eben angegebenen Zwecke müssen auch die, theils aus Steinen, wie bei uns, theils wo es daran fehlte, aus aufgeschütteter Erde aufgeführten Ringwälle gedient haben, welche in Deutschland bis hoch gegen Norden, wohin nie ein Römer den Fuss setzte, mehr oder weniger gut erhalten angetroffen werden. Während die grösseren und geeignet gelegenen von ihnen, wohl für roh befestigte Lager zu nehmen sind, werden die kleineren grösstentheils als ehemalige heilige Versammlungsplätze zu betrachten sein. Der Steinring bei Otzenhausen hat schon frühzeitig die allgemeine Aufmerksamkeit erregt und zu verschiedenen Deutungen über seine Bestimmung Veranlassung gegeben."

Wenn auch der Verf. den Steinring selbst hinreichend gesehen und die Dimensionen ziemlich genau abgeschritten hat, so kann er doch nicht umhin, aus Verehrung für den seligen Geheimerath Dr. G. Bärsch, welcher die erste Beschreibung des Steinringes bearbeitete (Einige Nachrichten über den Steinring bei Otzenhausen etc. etc. von G. Bärsch. 2. Auflage. Trier 1839), aus dieser die eigenen Worte desselben hier zu wiederholen.

„Auf einer mit Wald bedeckten Bergspitze des Dollberges, im Hochwalde, nicht weit entfernt vom Thale der Brems und vom Hunsrücken, nahe bei Otzenhausen, südlich von Hermeskeil, von welcher man eine weite Aussicht hat, befindet sich eine, etwa 45 Morgen enthaltende Fläche, welche mit einer ringförmigen Mauer umschlossen ist. Da, wo keine natürlichen Felsen diese Mauern bilden, sind rohe Steinblöcke aufeinander gethürmt. Wenn man von Otzenhausen aus zum Steinring hinaufsteigt, stösst man auf eine Steinmasse, die sich in gerader Linie, etwa 40 Ruthen lang, hinzieht, die von zusammengetragenen Felsstücken, in einer Höhe von etwa 20 Fuss von aussen, gebildet und welche wahrscheinlich die Vormauer des Steinrings ist. Etwa 40 Schritte von dieser Vormauer, weiter den Berg hinan, befindet sich eine stärkere Masse, die mit dem eigentlichen Steinringe in Zusammenhang steht. Sie ist etwa 100 Ruthen lang und steht gegen Norden, durch einen stumpfen Winkel, mit einem zweiten bedeutenderen Schenkel in Verbindung. Von hier aus erstreckt sich, den Berg hinan, von Westen nach Osten, die eigentliche Hauptmauer. Diese Mauer ist etwas nach aussen gebogen, gegen 120 Ruthen lang, an den meisten Stellen gegen 80 F. hoch, an den Seitenflächen 100 F. und die Grundfläche ist gegen 100 F. breit. Von dem stumpfen Winkel am Ende dieser ungeheuern Masse beginnt die dritte Seite der Mauer, die sich in einer Länge von 60 bis 70 Ruthen, von Norden nach Süden, hinzieht und gegen Süden mit einer Oeffnung endet; wo sich der Eingang befunden zu haben scheint. An diesen Eingang schliesst sich die vierte Seite der Mauer an, die sich von Südost nach Westen zieht, fast in derselben Länge, wie die gegenüber stehende Seite und in fast gleicher Höhe. Wenn man die unregelmässige Form des Steinrings als ein Quadrat annimmt, so hat jede der vier Seiten eine Länge von 100 Ruthen."

So weit der selige Bärsch.

An einem schönen Herbsttage stieg ich von Züsch über Schmelzhütten wandernd, den Berghang fast bis auf den Rücken des Dollberges hinan. Hier gelangte ich auf eine Waldschneisse, der ich eine starke Viertelstunde folgte. Ich stand an der nördlichen Seite des Steinringes, der sich wie eine schräg anstehende Mauer, gegen 25 F. hoch, vor mir erhob. Es waren grössere und kleinere Quarzitblöcke, lose übereinander gelegt, aber doch, wohl durch den Einfluss der Zeit, fester ineinander geschoben. Moose und Flechten bedeckten das Gestein, Farnkräuter und niedriges Gesträuch wucherte dazwischen. Das Hinansteigen

war mit einiger Vorsicht auszuführen, mit noch mehr
Aufmerksamkeit das noch um ungefähr 10 F. tiefere Hinabsteigen. Ich befand mich in einem Walde, einem
Buchenbestand von nicht hohem Alter; Eichen, Hainbuchen, Bergahorn, Vogelbeerbäume, waren eingesprengt:
am Rande desselben standen auch Haselsträucher, schwarzer und Traubenhollunder u. s. w. Was mir sogleich besonders auffiel, war der ganz steinlose Boden,
auf dem ich mich befand, da doch sonst alle Rücken des
Hochwaldes dicht mit Steinblöcken übersäet sind. Es
war überzeugend, dass diese Steinblöcke weggeräumt waren und sicher war ein doppelter Zweck damit erreicht,
den Steinring aufzubauen und den Aufenthalt zu einem
weicheren Lager, als es auf solchen Steinmassen möglich
gewesen wäre, einzurichten. Fast in der Mitte befand sich
ein grosser baumloerer Platz, auf welchem einige grosse
Steine lagen, sicher aber nicht von alten Zeiten her, sondern zum Zweck des Lagerns für besuchende Gesellschaft.
Ganz auf der Westseite befand sich eine fünfzehn Fuss
tiefe Senkung, aus welcher eine Quelle entsprang, die von
dem Bereiche der Mauer mit umfasst worden war. Nach
Süden senkt sich der Boden stark und dort auf der oberen
Mauer angekommen, sah man auf die tiefen unten gelegene
zweite Mauer hin und überblickte das weite Hügelland
nach Süden. Mich wieder nach Norden wendend, gelangte
ich auf der Westseite des Ringes, unweit jener Quelle,
an einen Fussteig, der die Mauer überstieg. Die grösste
Ausdehnung des inneren Raumes von NO. nach SW. beträgt circa 200 Ruthen, die von SO. nach NW. circa
170 Ruthen. Die grösste Entfernung des äusseren Ringes

von dem innern mag 35 Ruthen betragen. Von der Firste quer nach rechts absteigend, wurde mit sechzig Schritten der Boden des äusseren Waldes erreicht. Nun ging es noch ungefähr 300 F. sehr steil bergab durch den Wald bis auf die von Züsch nach Otzenhausen führende Strasse. An dem zur Seite liegenden Ringberge aber traten die mächtigen und schroffen, oft fast senkrechten Quarzitmassen, mit welchen der Bergrücken endete, recht auffallend zu Tage.

Ich schied mit der festen Ueberzeugung, dass der Ring als ein grosses verschanztes Lager und als eine Zufluchtsstätte für eine bedeutende Bevölkerung angesehen werden müsse.

Auf den Steinring soll zuerst Mr. Bezin in der Gazette de Metz de Lorraine 1834 aufmerksam gemacht haben. Der hochselige König Friedrich Wilhelm IV. besuchte als Kronprinz im Jahr 1836 diesen merkwürdigen Punkt.

Das Dorf Otzenhausen liegt eine starke Viertelstunde südlich von dem Fusse des Ringberges.

Ausser Bärsch haben Wyttenbach, Steiningor und d'Huart (le Ring de Dollberg, in l'Austrasie, revue du Nord-Est de la France, October 1837) geschrieben.

Hunoltstein.

Man kann sich kaum ein merkwürdigeres Felsennest denken, als das Dorf Hunoltstein (Hunsten, wie die Umwohner sagen), das vier Stunden von Bernkastel und drei Stunden von Mühlheim an der Mosel, auf dem Plateau des Hunsrücks, auf der Nordseite des Hochwaldes liegt. Das Plateau mag hier eine Höhe von 1600 F. haben; tief unten im Thale rauscht die Dhron über mächtige Felsentrümmer. Das Dorf, von ziemlicher Bedeutung und besonders die uralte Burg, sind neben und zwischen die mächtigsten Quarzfelsen gesetzt, die hier auf beiden Seiten der Dhron, bis in das Thal nieder- und aufsteigend und sich noch bedeutend über das Plateau erheben, eins der mächtigsten Quarzriffe darstellen, an denen diese Gegend so reich ist und die oft die wunderbarsten, grotesken Formen bilden.

Betrachten wir von dem letzten Quarzitfels aus westlich von Hunoltstein, den Ort, so sehen wir den weissen Quarzit in den wunderbarsten Formen, zerbrochen und verschoben, vor uns liegen. Die ziemlich ausgedehnten Trümmer der alten Burg liegen dazwischen und reichen bis zur höchsten Spitze, auf welchen einst ein mächtiger Thurm sich erhob. Rechts überblickt man in den zerstörten Mauern den Umfang der Burg, sowie die Dächer vieler Häuser, von den weissen, zackigen Felsen hoch überragt. Die Kapelle schliesst nahe an. Unten rauscht durch das schöne, grüne Wiesenthal, von einer Mühle und mehreren Häusern umgeben, die Dhron. Die Sohle des Thales decken zahllose Quarzblöcke. Die ungeheure Felsen-

masse hat sich vor unberechenbaren Zeiten dem Bache
entgegengestellt und er hat ihn durchbrochen. Wie er
es fertig gebracht, wer vermag das zu begreifen? aber der
Durchbruch ist da und die Trümmer liegen wie ein Chaos
umher. Rechts und links am Berghange steigen die Quarzitmassen, wie ungeheure Mauern, stufenweise empor. Einzelne Felsparthieen treten noch besonders auffallend, spitz
und pyramidal, aus dem Ganzen heraus, namentlich zwei
auf der linken und einer auf der rechten Seite des Thales.

Treten wir dem Dorfe näher, so sehen wir noch deutlicher, wie die Häuser auf und zwischen die Quarzfelsen
hineingebaut sind und wie die Mauern auf dieser festen
Grundlage gehoben und gesenkt sind. Manche Häuser ruhen
mit ihren Seitenwänden an den Felsenmauern. Die Umfassungsmauer der Burg, die sich auch so ganz in den
Schutz der Felsen hineingedrückt hat, ist noch ziemlich
deutlich zu erkennen. Dazwischen und zum Theil an die
Mauern gelehnt, liegen mehrere kleine Häuser mit Grasplätzen und Gemüsegärten. Das sind die Reste der Burg,
die an Hunolt, den Recken des Nibelungenliedes, erinnern.
Auf der Nordseite des Thales liegt auf dem Plateau das
Dorf Haag.

Hochwald.

O schöner grüner Wald, du Dom so hehr,
Mit deinen dunkeln, lebenvollen Hallen!
O herrlich lichtbewegtes Blättermeer,
Wer sollte nicht zu dir mit Freuden wallen?

Es strecken hoch die Stämme sich empor,
Das Aug' erreichet kaum die schlanken Gipfel
Vom Wind durchsaus't. Ein süss melod'scher Chor
Bewegt in leisem Tanz die ernsten Wipfel.

Wie stehn die Buchen da so schlank und kühn!
Gleich Kandelabern heben sich die Aeste,
Wie Kerzen drauf die Sonnenstrahlen glühn
Erlöschend nicht vom milden Weh'n der Weste.

Der Eiche grauer Stamm, bemoos't so kraus,
Steht hoch inmitten seiner Waldgenossen;
Es strecken sich wie Schlangenleiber aus
Die Aeste weit von leichtem Duft umflossen.

Wie schlank senkt dort die Birke ihr Gezweig,
Als wollt' sie aus dem Moos noch Nahrung saugen;
Wie Spitzen weht es durch das Hallenreich
Von sanftem Hauch bewegt vor meinen Augen.

O nimm mich auf in deinen weichen Schooss,
Du Waldesboden, lass mich hier versinken
In deinem Anblick lebensfrisch und gross,
Lass Lebenswonne stets aus dir mich trinken!

Waldfreude.

Lieb Bienchen zeiget mir den Weg,
Goldkäfer führet mich den Steg.
Sie führen mich in Waldesnacht,
O schöne, schöne Waldespracht!
Nur Sonnenlichts Gefunkel
Bricht durch des Waldes Dunkel.

Das Eichhorn springt von Baum zu Baum;
Der Specht durchsucht lebend'gen Raum;
Die Schlange schiesst durch Waldgesträuch;
Das Mäuslein läuft durch's Moos so weich.
Die lieben Vöglein singen,
O süsses, süsses Klingen!

Das Reh schiesst pfeilschnell mir vorbei,
Der Hirsch hebt drohend sein Geweih.
Der Fuchs lauscht dort am finstern Ort,
Geschwind das Häslein macht sich fort.
Kuckuk durch dunkle Hallen
Lässt seinen Ruf erschallen.

Wie weht das Leben warm und frisch
Im Baumeswipfel, durch's Gebüsch!
Der Freiheit Hauch den Wald durchdringt:
Der Freiheit Lust in Liedern klingt,
Und frei in Waldesdunkel
Bricht Abendroths Gefunkel.

SCHILDERUNGEN.

Waldwiese.

O schöne Wiese, wie so blumenreich
Lehnst du dich an den kühlen Waldesschatten!
O grüne Wiese, deine Polster weich,
Wie laden sie zu sanfter Ruh den Matten!

Es strecket sich der wandermüde Fuss
Behaglich aus auf deinem weichen Pfühle!
Ich schau, o nehmt ihn an den wärmsten Gruss!
Der Thiere und der Blumen bunt Gewühle.

Der Gräser Rispen blühen hundertfach
Und heben ihre leichtbewegten Halme.
Die Heimchen sitzen unterm Blätterdach
Und singen ihrem Schöpfer Freudenpsalme.

Wie glänzt der Orchideen bunter Flor
Und zeigt sich in den wunderlichsten Formen!
Die blauen Glocken drängen sich hervor,
Nie wechselnd ihre regelmäss'gen Normen.

Wie mischt sich der Ranunkeln glänzend Gold
Dort mit dem weissen Strahl der Wucherblume!
Geschäftig nimmt das Bienchen seinen Sold
Und trägt ihn ein zu seinem Heiligthume.

Natur, wie bist du doch so reich geschmückt!
O lass dein Wirken stets mich froh begrüssen! —
Da brechen Kinder ein! — Was mich beglückt,
Zertreten sie mit ihren plumpen Füssen!

SCHILDERUNGEN.

Eine Nacht im Idar.

Die Sonn erlischt. Das letzte Glüh'n
Des Abends stirbt. Am Himmel zieh'n
Herauf die lieben, goldnen Sterne.
Ich steh' in tiefer Waldes Nacht,
Ich halt' am grauen Kreuze Wacht
Und höre Stimmen aus der Ferne.

Was schwirrt mir um das Haupt und schreit?
Der Uhu ist's. Vom Felsen weit
Ertönt des Uhuweibchens Stimme.
Dort glänzt es in dem Gras so fein,
Es glänzt wie heller Phosphorschein.
Johanniswürmchen, glimm', o glimme!

Der Uhu zieht vorbei im Kreis.
Wie ist es selig still! Nur leis
Flüstert der Abendwind im Laube.
Ein Nachtgespenst, die Fledermaus,
Sucht einen leisten Schwärmer aus
Und fliegt davon mit ihrem Raube.

Dort schleicht ein Fuchs. Mit glüh'ndem Blick
Schaut er sich um. Hat er das Glück
Gewünschte Beute zu erhaschen?
Ein Häschen schreit. Er hat es schon
Und eilet rasch mit ihm davon.
O musst' es denn so lange naschen!

Da huscht ein scheues Reh vorbei.
Du gutes Thier, sei sorgenfrei
Und suche deine Schlummerstätte.
Den Menschen scheut ein jedes Thier.
Eilt furchtsam hin in sein Revier,
Als wenn nur Tod er für es hätte!

Was schallt dort aus des Waldes Tiefen?
Was sind's für Töne, die dort schliefen?
Wie sind urplötzlich sie erwacht?
Die Hirsche sind's! Wie sind sie brünstig!
Wie rufen sie! Die Zeit ist günstig,
Wie still, wie ruhig ist die Nacht!

Da horch! welch' Rauschen im Gesträuche!
Es krachen Aeste, brechen Zweige,
Zwei Hirsche kämpfen wuthentbrannt.
Ha, wie die Thiere sich erbosen,
Wie kräftig die Geweihe stossen!
Zwei Kämpen sind's, stark und gewandt.

Hei, wie die heissen Leiber dampfen!
Hei, wie die Hufe knarren, stampfen!
Wie bohren sie mit dem Geweih!
Da stürzt der Eine! Alle Glieder
Strecken sich aus! Da steht er wieder
Und es entfährt ihm Wuthgeschrei.

Doch endlich will der Muth ermatten.
Da kommt das Schmalthier, sucht den Gatten,
Der Kampf entbrennt mit neuer Macht.
Ha, welch' ein Schrei! Der Ein' verendet!
Zum Kampfpreis sich der Sieger wendet,
Fort stürmen Beide in die Nacht!

*   *   *

Nun endlich kommt mein lieber Wald zur Ruh.
Die Thiere schliessen ihre Augen zu,
Verschwunden sind die Nachtgesichter.
Nachtwächter ruft zwölf Uhr im fernen Dorf.
Ich wandre heim durch Wiese, Sumpf und Torf
Und in den Fenstern schlummern alle Lichter.

Im Idar.

O Waldesluft,
O Balsamduft,
Wie lebensfrisch und wonnig!
Kein Erdenstaub
Bricht durch das Laub,
Nur Lichtglanz, zitternd, sonnig.

Die Buche hebt
Vom Wind durchbebt
Die Krone kühn und edel.
Das Farrenkraut,
So fein gebaut,
Senkt seine zarten Wedel.

In zartes Moos,
O weicher Schooss!
Drauf streck ich meine Glieder.
Ihr Vöglein singt!
Das Herz durchdringt
Der süsse Schall der Lieder.

Ihr Blümlein fein
So zart, so klein,
Ihr blüht um mich im Kreise.
Eu'r süsser Hauch
Erquickt mich auch!
O Lispeln, lieb und leise!

O frischer Wald!
Du Aufenthalt
Voll Liebeslust und Leben!
Ich sinke hin!
Mit ganzem Sinn
Will ich mich dir ergeben!

Wildenburg.

(Am Mittage.)

O wie prachtvoll ist's hier! Der Blick schweift in weitester Ferne,
Freut sich am Einblick ins Thal, freut sich am Dunkel des Walds.
Zug auf Zug des Gebirgs verschwindet in duftiger Weite.
Lüfte umspielen mich rein, laben, erquicken die Brust.
Weit überschau ich den Son und um mich her ruht der Idar!
Wälder an Wälder gereiht lagern auf mächtigen Höhn.
Zahlreich liegen die Dörfer, draus Mittagsglocken ertönen.
Vögel singen so froh, Winde säuseln so frisch!
Hoch auf mächtigem Fels, da ruh' ich, entrückt den Menschen,
Seh' auf ihr emsiges Thun tief in die Thäler hinab.
Und auch Eurer kann hier auf schwindelnder Höh' ich gedenken
Die ihr im Lande zerstreut liebend gehöret mir an.
Wärt ihr um mich, genösset mit mir des lieblichsten Ausblicks,
Doppelt wär' der Genuss, wäret entzückt ihr mit mir!

Wildenburg.

(Am Abend.)

Ich steige aus dem Wald empor,
Verlass der Vöglein süssen Chor.
Zum Bergesgipfel steil hinan
Steig' ich auf schroffer Felsenbahn.
Es bleiben unter mir die Fichten
Leis flüsternd dunkle Nachtgeschichten,
Und immer tiefer schweift der Blick
Aufs leichtumflorte Thal zurück.

Da steh' ich auf dem Felskoloss,
Umringt von Steingetrümmer bloss;
Umgeben nur von blauer Luft,
Die Ferne weit verschwimmt in Duft.

SCHILDERUNGEN.

Durch's Land lass' ich die Blicke schweifen,
Von Berg zu Bergesrücken streifen.
Dann blick' ich in das tiefe Thal —
Tief unter mir der Menschen Qual.

Ja, tief liess ich zurück im Thal
Des Lebens wermuthbittre Qual.
Ich steh' von Lebenslast befreit,
Zu frischer Lebenslust erneut.
Schau um, glaubst du in allen Landen,
Die du da siehst, nicht Leid vorhanden?
Sei frisch, es mischt sich dein Geschick
Aus Qual und Freude, Schmerz und Glück!

Die letzten Sonnenstrahlen glüh'n
Auf fernen Gipfeln hoch und kühn.
Die lieben Dörflein ohne Zahl
Im Schatten ruh'n sie allzumal.
Doch blick' ich zu des Himmels Bläue,
Sie giebt dem schönen Bild die Weihe,
Und mit dem ersten Sternenschein
Wiegt Ruhe meine Seele ein.

Die Dhron.

Sehet die liebliche Dhron, Ausonius kleiner Drahonus,
Doch für uns nicht zu klein, freudig sei sie gegrüsst!
Denn es umgiebt sie ein Glanz, wie nimmer Auson ihn
       geträumet,
Wenn auch ein Kaiserpalast sich an der Mündung erhob *).
Oeffnet das geistige Aug' und mit mir schauet die Recken
Tummeln auf dem Gebirg', zieh'n zu dem Hofe nach Worms.

---
*) Der Palast Kaiser Konstantins zu Neumagen und wohl auch der prächtige Palast zu Mediolanum, den Venantius Fortunatus besingt.

Geister der Nibelungen umwehen mich! Steh' ich auf Felsen,
Streck' ich am Hügel mich aus, wird es im Herzen mir warm.
Dort an der Dhron aus dem Thal erhebt sich ein graues
      Gemäuer,
Hagen von Dhroneck sass hier, Hagen der grimmige Mann.
Sehet das Felsenriff dort, es decket die Trümmer der Veste,
Die einst Hunolt bewohnt, Hagens und Volkers Gesell.
Lächelt ihr? glaubt ihr zu weit sei der Ritt für die Helden
      gewesen,
Folgten dem Ruf sie zum Hof? Glaubt ihr's, ich glaube es
      nicht!
Immer noch blüh'n die Geschlechter von Hunoltstein und
      von Hagen,
Aus der Wurzel voll Mark sprosst' auch ein kräftiger Stamm.
Von dem Hochwalde dort strömt lustig hernieder das Bächlein,
Draus die Recken geschöpft, lechzte die Zung' auf der Jagd.
„Friedsam geht aus dem Walde der Hirsch an's freundliche
      Tageslicht;
Hoch in heiterer Luft siehet der Falke sich um!" *)
Aber es liess einst der Pfeil und jetzt nicht die Büchse sie
      ruhen,
Tödtlich senkt' sich ins Herz gierig des Jägers Geschoss.
Hoch dem Gebirge entragt des Harpensteins mächt'ger Quar-
      zitfels;
Unten stürzet die Dhron rauschend durch das Gestein.
Von Belginum herab fliesst die Dhron, vom Erbskopfe
      Dhrönchen:
Kalt auf den Höh'n liegt der Quell; warm ist am Ausfluss
      das Thal.

 *) S. der Wanderer von Hölderlin v. 53, 54.

www.ingramcontent.com/pod-product-compliance
Lightning Source LLC
Chambersburg PA
CBHW031354160426
43196CB00007B/816